시작시인선 0135

# 티티카카의 석양

시작시인선 0135
## 티티카카의 석양

찍은날_2012년 4월 3일
펴낸날_2012년 4월 6일

지은이_안숭범
펴낸이_채상우
등록번호_제301-2012-033호
등록일자_2006년 1월 10일

주소_100-380 서울시 중구 동호로27길 30, 510호(묵정동,대학문화원)
전화_02-723-8668
팩스_02-723-8630
홈페이지_www.poempoem.com
이메일_poemsijak@hanmail.net

ⓒ안숭범, 2012, printed in Seoul, Korea

ISBN 978-89-6021-166-7 04810
    978-89-6021-069-1 04810(세트)

*이 책 내용의 전부 또는 일부를 재사용하려면 반드시 저작권자와 (주)천년의시작 양측의
 동의를 받아야 합니다.

*안숭범 시인은 2010년 대산창작기금을 수혜 받았습니다.

# 티티카카의 석양

안숭범 시집

천년의 시작

시인의 말

  너의 눈 속에 마지막으로 잠겼다, 다시 들어갈 수 없는 곳엔 유일한 표정을 세워야 한다, 이제야 떠나노라, 나를 취하게 했던 티티카카의 석양, 그 후 많은 표정이 다녀갔으나 한 표정을 이기지 못했다, 혁명 이후의 모놀로그, 그 안에 살다가 시인이 됐다, 그때 찾아온 가난은 형형색색이었다, 나의 방랑은 늘 이길 수 없는 문장에 접안하고자 했다, 다른 경계를 그리고 간 무수한 너, 아니, 아직 우리의 비무장지대에 사는 내연(內緣), 아니, 그 안을 비집고 들어간 세상에서 가장 가늘고 긴 바늘, 그것이 나를 통과해 반짝 너를 향할 때의 희열, 그때마다 목격되는 저 깊은 퇴적층 속 불굴의 그리움, 그 희열의 자식들…… 한번쯤 통화 불능 지역으로 가 울어야 한다, 궁금했던 것으로 진짜 궁금했던 것을 대신해 온 시간에 관하여, 이 미시적인 것, 그 비시(非詩)적인 것에 살기 위해,

                              당신을 그리워하며, 안숭범

차 례

시인의 말

## 제1부 티티카카의 석양

칠흑(漆黑) ——— 12
축전(祝電) ——— 13
멈춤에 붐빈다 ——— 15
흔들림 ——— 16
내륙 저지대로 산발적 비 ——— 17
전염 ——— 18
당신과 나의 8월 22일 ——— 20
결빙의 무늬 ——— 21
접속증후군 ——— 23
돌멩이와 무작정의 세월 ——— 25
낭만과 기만에 대한 사적(私的) 탐색 ——— 27
더블락스핀 ——— 29
외뿔소자리 ——— 33
토스카 제3막―별은 빛나건만 ——— 35

## 제2부 네루다의 오후

38 ── 휴야(休夜)
40 ── 가고, 또
42 ── 도미노 트리플치즈콤비피자 L
43 ── 평등한 생애
44 ── 귀로(歸路)
45 ── 유약한 라디오와 개종(改宗)의 세월
47 ── 기아(奇兒)
48 ── 동창회
50 ── 극지 고고학 1—학습장애아교육
52 ── 극지 고고학 2—철근콘크리트 공학 및 실습
53 ── 극지 고고학 3—사회복지학 보론(補論)
55 ── 극지 고고학 4—인간행동과 사회환경
57 ── 극지 고고학 5—생활예절의 실제
59 ── 공평한 우생학
61 ── 문명 속의 불만
62 ── 문명 속의 불만 2
63 ── 나무 십자가

**제3부 마티스의 팔레트**

침식 —— 66
푸코의 농담 —— 67
득세하는 징후 —— 69
능선을 등진다 —— 71
묵시(默詩) —— 73
무중력 —— 75
변종 인간, 들 —— 76
신드롬 —— 77
나를 옮겨 놓은 건 누구였을까 —— 79
검은 옷 —— 81
주름 —— 82
클로노스의 오솔길 —— 84
아픔을 들킨다 —— 85
선처(善處) —— 87
이문재의 구두 —— 89
맥거핀(MacGuffin) —— 90
영원과 하루 —— 91

### 제4부 고다르에게서 죽은 시간

96 ——— 수세기의 개연성
98 ——— 미열
100 ——— 남풍
102 ——— 심야 할인
104 ——— 오래된 신비
106 ——— 20±1세기 소년―무방향 일기

### 해설

109 ——— 김춘식 '누구나'와 '누군가'의 익명성 속에서, 문명은,

일러두기

한 연이 첫 번째 행에서 시작될 때에는 ＞로 표시합니다.

제1부
티티카카의 석양

# 칠흑(漆黑)

　병원을 지났다, 누구는 지금도 아파할 것이다, 좀처럼 하지 않는 표정을 생각해 냈다, 반쯤 내려진 제과점 셔터가 주인을 두 동강 냈다, 살아남은 빵들만 냄새로 다녀갔다, 휴대폰이 오른손으로 기어 왔다, 너무 많은 사람들에게 미안했으므로, 누구와는 아무 숫자도 교환하지 않았다는 게 밝혀졌다, 구름은 또 거기서 서성였다, 오늘 하루만도 수없이 저 길을 오갔다, 당신도 알 것이다, 그렇게 오는 밤은 구름의 망설임을 머금는다, 버스가 멀리서 사람들로부터 버림받는다, 멀어지는 것들 사이에 남은 건, 매연이거나, 사랑이거나, 매연 같은 사랑이다, 그런 식으로 침침한 채 버스와 사람은, 서울역과 우체통은, 하수도와 전선은 곧잘 닮아 간다, 놀랄 일이 아니다, 그렇게 모든 불투명은 떠나기 위해 모인다, 기억을 능욕했던 매서운 문장들까지, 문장 안에 가득 찬 너의 형식까지, 단지 병원과 제과점과 버스 정류장을 지났을 뿐이다,

# 축전(祝電)

    그때 그대가 던진 물수제비, 첨벙첨벙 되돌아옵니다, 추락할 것들을 걱정하던 구름이 겨우내 하얗게 질릴 세월을 취조합니다, 함께 본 영화 속에서 주인공이 재차 죽습니다, 한 개만 시켜 마시던 커피에서 그대 냄새가 납니다, 그대가 잠든 도서관 열람대에 쪽지를 놓고 나온 저녁이 진화합니다, 모두 안녕합니다, 진술해선 안 될 풍경에 관해 모두 부자입니다, 구름을 예민하게 만들던 내 기타 소리는 강변역과 대방역 사이에 여섯 갈래 길이 되었습니다, 사소한 풍문에 그때의 아이스크림이 다시 녹습니다, 그해에 관해선 몇 가지 인상이 있습니다, 내 시(詩)는 그대에 관해 정직했지만, 유명한 교수는 논문을 조작했습니다, 끝내 가 보지 못한 건 남산이었지만, 기억 속에 우거진 건 청계천이었습니다, 그대가 다녀온 곳은 유럽이었지만, 구호 밑으로 은폐된 건 호주제였습니다, 들킬 사생활이 없는 우리 대신, 연예인들의 심야 출구를 찾았습니다, 이제야 생각나는 우리의 병풍들입니다, 믿어도 좋을 의미에 관해 말한다면, 종일토록 쓸쓸한 노트로 기어간 그 시절의 언어일 것입니다, 되뇌고픈 문장의 단정한 방점으로 그대 오늘까지 푸르게 물듭니다, 아버지들의 계절을 도무지 간섭할 수 없던 날, 그때의 저녁 빛도 그렇게 저물었습니다, 그대의 고름 위로 돋은 새살이 직진의 문법을 완성

합니다, 결혼을 축하합니다,

## 멈춤에 붐빈다

　새 책에서 누락된 단어가 발견된다, 버스는 좀처럼 출발하지 않는다, 할머니가 찾는 내릴 곳은 과거에 버스와 이별했다, 오후는 예보된 날씨를 내일쯤에 데려다 놓는다, 갑자기 동요가 앞 좌석의 아이로부터 실종된다, 헤어지면서 아버지가 건넸던 말이 생각나지 않는다, 나뭇가지가 햇살과 차창을 긁는다, 잃어버렸던 만년필이 가방에서 발견된다, 손님을 포개는 운전법이 궁금하다, 늙은 간판들이 뒤처지기 위해 일정하다, 빈 도시락 통 소리가 냄새를 부축하고 잠입한다, 대학 시절 노트에 적은 낙서 하나가 문득 집요하다, 라디오가 마지막 점호의 밤으로 소집 명령을 내린다, 단 한번은 너의 멈춤에 붐빌 것이다,

# 흔들림


    늙은 이어폰이 순교했다, 세상으로부터 더 두절되고 싶었다, 애견 마트 간판과 사철탕 간판이 붙어 있는 골목을 돈다, 문득 너를 사랑하는 방식을 생각한다, 그 시절의 나를 기억하지 못하는 사람이 스쳐 지나간다, 내가 아니어도 좋을 남자가 여러 몰골로 출몰한다, 의릉과 홍릉 사이에서 버림받은 적 있다, 오늘은 그 사이를 걷는다, 최후의 쓸쓸함을 생각하기 좋은 동선이다, 초등학교 소풍 때 끝내 찾지 못한 보물이 궁금해진다, 함부로 기습하던 음악이 멈춰서고, 한 여자가 계획적인 보폭으로 다가온다, 꽃집과 밥집 사이, 예나 지금이나 빈손과 빈속으로 쓸쓸하니 황홀하다, 몇몇 얼굴들이 다른 몰골의 나를 데리고 각자의 음악으로 이사하는 게 보인다, 이어폰 가게는 보이지 않고, 어떤 조바심 사이로 암전이 온다, 음악의 우울을 빌려 어떤 나를 듣고픈 저녁, 바람과 이어지고 싶은 전선, 흔들리고,

# 내륙 저지대로 산발적 비

　혼자 듣는 음악이 풍경을 하나씩 내립니다, 보행자 신호 눈금은 인상적인 보폭으로 낙하합니다, 사람들은 자의식 강한 단막극처럼 비껴 다닙니다, 저 카페를 나오던 날 흉금이 틸린 적 있습니다, 그날 여러 문장을 엎질렀고 시(詩)와 한 여자가 시들었습니다, 여기가 종로(終路)라는 생각과 대면하기 위해 오늘도 커피가 배석합니다, 이런 날 대기업 회장과 여자 아나운서는 쉬이 이혼합니다, 철 지난 옷은 저를 오래도록 바꾸지 않는데 말입니다, 저의 천장을 주물럭대는 가수는 보편적 음색과 불화합니다, 그녀와 새로 바꾼 기타가 알았으면 좋았을 텐데 말입니다, 오늘 승진한 남자는 주변의 덕담을 의심하지 않습니다, 이것을 두고는 보편적 생활이라 하겠습니다, 몇몇 우정은 오늘 서로에게 야근할지 모릅니다, 정기적인 내일들에 대하여 나의 오늘은 순직할 태세입니다, 풍경을 내리고 싶어집니다, 마침 커피 잔이 저를 비우고 저는 카페를 비웁니다, 잊힐 문장이 구름을 당겨 놓습니다, 비는 모든 길을 미끄럽게 하고 저는 지금 음악을 위태롭게 합니다, 멀리서 가난한 옛집은 굴뚝을 세우겠습니다,

# 전염

 어떤 주저(躊躇)가 촛농으로 떨어진다, 어머니들의 한복이 얼룩덜룩해야 하는 이유다, 그는 다른 여자와 결혼하고 그녀는 다른 남자와 서약한다, 나이라는 눈금은 모두를 식물성으로 만든다, 기차 시간도 모른 채 간이역을 달랜 순 없다, 캔 커피를 엎질렀지만 아무도 알아채지 못한다, 가문에 관한 장식이 천장처럼 뾰족해진다, 스피커가 위독한 상황이다, 친구는 위인이 될 소질이 있었음이 밝혀진다, 연습 덜 된 축가가 다음 순간의 박수를 불러 모은다, 다섯 번 이상 마주친 양손은 눈총을 받는다, 지난 계절들만 간섭해야 할 애인들은 누명을 호소하지 않을 것이다, 어떤 누명들은 멀찍하게 자리 잡고는 서로를 향해 안전하다, 부케의 떨림은 감동의 전조(前兆)다, 동감의 의성어는 그것을 완결한다, 갈래갈래 그가 취한 밤, 내가 부축해 준 어떤 그리움도 이젠 죽는다, 진심은 한시적이고 인생은 새롭게 출석하는 얼굴들로 부산하다, 다이아몬드가 능멸 받지 않을 마지막 언어처럼 등장한다, 꺾일 절정에 저항하기 위해 폭죽처럼 아이들은 태어날 것이다,

 정오가 식어 가는 이 시간엔 뻔뻔해질 필요가 있다, 세련된 꽃들 곁에서 우리는 당당히 축의금을 냈다, 친구는 함부로 대출을 받았을 것이다, 질서를 흉내 내는 자세로 친구 곁

에 선다, 우린 이미 전염됐다, (사진 찍겠습니다), 축하해 아무거나,

# 당신과 나의 8월 22일

> 시계는 순간을 가리키지만 영원은 무엇을 가리키는가?
> ―휘트먼

　내 이름을 잘못 기재한 서류를 받았다, 이런 날 등단지가 쇠멸하던 때의 소리를 듣는다, 시각(時刻)이 아닌 시간(時間)을 가리킨다는 지구종말시계를 듣는다, 먼 나라 장기 집권 독재자의 선전포고가 자기 자신을 향해 가는 걸 듣고, 붕괴 직전의 철교가 더 이상 허공조차 떠받치지 못하리란 것을 듣는다, 은퇴를 권유 받은 야구 선수의 목청에서 노랫말이 흘러내리는 간격을 듣고, 연예인이 된 씨름 선수의 생계가 피안을 찾는 소리를 듣는다, 대중에게 외면 받던 가수의 몇 가지 웃음 코드를 듣고, 촬영을 거부한 여배우가 자기를 향한 악플과 밀교하는 내막을 듣는다, 속도위반 딱지가 객관적인 세계를 견인해 오던 날을 듣고, 고문관으로 분류된 사촌의 낙인을 듣는다, 각별한 취미가 방어하는 우리의 일상을 듣고, 적금 통장 안에 구축되어 가는 새로운 진지의 허술함을 듣는다, 당신의 이마 너머로 자란 첫 흰머리의 불투명성을 듣고, 이제는 맞지 않는 바지가 분리수거함으로 기어가는 소리를 듣는다,

　많은 노래를 만들었고, 노래가 저 혼자 자기 생애를 기다렸으나, 오타처럼 벗어난 시간과 번안되지 않는 공간 속에서, 세계와의 이별은, 노래조차 아닌 우리는,

## 결빙의 무늬

　남자는 가고 여자는 운다, 계산하기 좋은 거리에서 모자를 눌러쓴다, 우린 짧은 횡단보도를 사이에 뒀다, 사랑엔 이런 게 필요하다, 건너지 않고 건네다 보기 좋은 각도 같은 거, 비와 눈과 오래전에 터져야 했을 어떤 것이 사이좋게 낙하한다, 그런 것들의 태생을 추적하면 우연과 짝한 결빙의 무늬를 알 수도 있을 것이다, 누구나 한때는 제 안의 고온 다습을 원망하지 않는다, 그리운 시간에 충혈되는 외등처럼, 그런 저녁의 각오는 신비로운 저녁들을 데려다 놓기도 한다, 벌어진 석류로 스민 지난 계절의 석양 같은 거,

　발이 젖고 있음을 안다, 이제 와 생각한다, 여름 석양을 데리고도 그 대문을 넘지 못한 구두라니, 어쩐지 발이 오래도록 기우뚱했다, 그냥 우산을 접는다, 저 건너 여자가 사랑스럽다, 곱창이 구워지는 냄새가 알맞도록 차가워 구수하다, 간판들이 눈을 흘기기 시작한다, 지상의 우연들을 애타게 불러모으기 좋은 간격이다, 자, 내 손을 잡아, 필연은 깜박 짓는 거야, 하는 독백의 힘으로 횡단보도를 건넌다, 다가간다, 이 순간을 놓치면 영화는 끝날 것이다,

　그렇게 끝났다, 비껴가는 지금을 셀 수 없이 사랑하는 우

리들, 비와 눈과 영화를 벗어난 모든 이름들이 일순 사선(斜線)이거나 사선(死線)이다, 잠깐 숙제처럼 풍경을 비우는 타이밍을 연습한다, 위로 편 손바닥을 아깝게 벗어나는 속도들을 향하여, 이 계절이 지나면 잠든 초록이 무릎을 세울 것이다, 그때까지 우린 누구에게나 결연히 등 뒤를 내줄 필요가 있다,

   어제 영화를 벗어난 그대, 오늘은 혼자 꽃을 들고 다시 영화관에 입장하는 사람 옆에 앉아도 좋다,

# 접속증후군


볼륨을 높인다, 핍진성 없는 가사가 사라진 미래를 방목한다, 어느 산맥에서 죽은 흑인 병사의 아내가 유혹으로 오기도 하는 시간대다, 땅을 빼앗기면 안 된다는 것을 예루살렘의 비극에서 본 적 있다, 자괴가 성황이다, 한때 나의 것이었던 땅의 실측을 다시 해야 한다, 오늘 밤 모니터를 켠 건 어제의 실측을 의심해서가 아니다, 화단은 허물어졌고, 너는 더 이상 피지 않는다, 빈방에 낭자한 환영, 이제 음모가 된 인사동과 삼청동과 압구정동의 저녁과 화해하고 싶었다, 부질없는 길을 통제하기 위해 환영은 영문과 숫자로 조합된 견고한 입구를 가진다, 이 번호는 진정한 비밀이 될 것이다, 내 손가락이 내게서 잘릴지도 모른다고 생각하면서 피아가 식별되지 않는 미래들과 씨름한다, 하반신마비의 영화배우도 이제 죽었다, 슈퍼맨도 내 안의 은신처와 작별해야 한다, 소슬한 장례식장의 마지막으로 유배된 불면의 주인처럼, 창가로 간다, 모든 소실점 끝에서 꽃이 진다, 겨울 한철만 한창인 집들을 안다, 아무것도 낳지 못할 만삭의 열망은 이제 신비롭게 동면할 것이다, 폴더는 사라지고 사진은 지워지고 밤은 더 더워진다, 모니터에서 새나간 밤을 견디기 위해 선인장은 긴 가시를 안에다 감춘다, 아무것도 하지 않겠다던 손가락 하나, 결국 창들을 내린다, 모니터가 꺼진다, 푸른 바다의 파고에 한

때의 종교가 흔들린다, 무엇인가 재설정된다, 이제 저장되는 것은 다른 미래일지 모른다, 예기치 않은 순간에 종료될 것이다, 깊이들, 잘 가라,

# 돌멩이와 무작정의 세월

그 시절의 서녘처럼 순순히 기우는 삶을 택하진 않았노라,

기억에 붐비다 닳아지는 꿈을 보기도 하는 밤, 혈통도 과오도 잊고 그대로 가는 길켠에 서, 장승처럼 풍화하고 싶노니,

가령 그대가 관공서의 고딕 문체로 내일의 질서를 강구할 때, 흙먼지가 추억을 흐리는 슬픈 속도로 대답했노라,

아름다운 그대, 복사열이 남아 있는 서류의 안색으로 투정할 때, 나 검은물잠자리가 여름을 기울이는 각도로만 보챘노라,

그리하여 정녕 그대, 문간에 끼워 둔 통지서의 두께를 불평할 때, 나무가 흘린 유언들과 그것이 간질이는 저녁만을 연주했노라,

나 낙관할 수 없어 난관(難關)이 되었나니, 수몰될 마을의 표정으로 그대의 외곽만 움켰노라,

기억을 벗어나던 돌멩이, 빈 골목에 아직 그대로 있노니,

그대, 아무렇지 않게 안심하라, 두서없이 이 봄조차 지나리니,

# 낭만과 기만에 대한 사적(私的) 탐색

문득 냄새가 난다, 전조처럼 떠도는 시취의 시원(始原), 백화점 1층에 사는 입술과 피부와 발목을 만나러 갔다가, 익숙한 불길함을 흡입한다, 그해 겨울, 베니어판 책장이 무너지던 일, 생각난다, 발목 골절로 죽은 늙은 소반, 그때 보았다, 공중제비하다 추락한 김치와 멸치와 예견되던 꿈들의 이면, 아는가, 빈 강의실에 남아, 확산 일로에 있던 추락의 소문과 외박하는 기분, 나를 경유한 그네들은, 그래도 가난의 성좌를 보았다, 하며 백묵으로 쓴 이별, 의자처럼 삐걱대다가 결국 동터 오는 현실, 나의 열망과 너의 증발의 낙차 속에 사는, 이제 우린 우연히 갈라지는 철새들에 섞여, 우연만은 아닌 생애로, 그리하여 그때 당장 아르바이트를 시작했던 것, 허나 나는 오늘 백화점 앞에서 공중제비하고 싶어진다, 그 많은 루이비똥은 다 어디서 왔을까, 저 싱싱한 팔목들, 다신 찾지 않겠다던 'Tea For Two'에 앉아, 지금 나는 그네들이 가르친 낭만의 실뿌리와, 도시의 음모론과, 그 안에 기숙하는 자본의 궤적을 고찰한다, 한번은 벤치에서 보았다, 벤츠 뒷좌석에 앉은 여자, 아늑한 모든 것이 아득하다는 건 모순 축에도 속하지 않는다, 18홀을 끝낸 사장님의 오후만큼, 나는 느리게 배웠다, 허나 내 신념은 자주 나를 호령하지 못했다, 서로를 압박하던 상하의 어금니들, 그리하여, 서툴게 변제(辨濟)

해 왔다, 나는 부정한 오른뺨을 돌려대고, 너는 눈부셨던 그 시절의 신념을 청구하렴, 생이여,


● 종로에 있는 앤티크 카페.

# 더블락스핀

저기 한 여자로부터 석방된 영혼
제 집 찾아 돌아가다 길을 잃는다

낯선 집엔 전단지 같은 기억이 화려할 것이다
여자들의 우주가 중심에서 멀어져 간 물증이다
집 안엔 덧댄 벽지들의 무늬, 지층을 이룰 것이다
거긴 주검이 된 여자들의 연대가 발굴을 기다리고
버려질 유물과 내력을 교환하기 좋은 밤이 있을 것이다

#1: 이런 경우
우리는 너무 많은 이유를 들어 고분고분했다
국문과였고 학점은 소용이 없었다
그래도 면바지는 오래 입을 수 있었고
홍릉을 지날 때마다 그녀와 은행잎이 업히곤 했다
푹신한 긴장을 기억하는 손금 위로
쓸데없는 길이 들어서곤 했지만, 이듬해 겨울
손은 갑자기 추워질 수도 있는 것이다
동지(冬至)가 밤이 길다는 사실은 그해 밝혀졌다

#2: 저런 경우

좀처럼 빗나가지 않을 예언이 흉흉했다
그녀는 나에 관한 예언을 봉인했고
그녀의 아버지는 딸의 미래를 절대화했다
어제보다 부쩍 살찐 푸른 절망이
하늘로 올라가다가 멍들면 저녁이었다
그녀의 귓가에 뿌린 냄새나는 언어는
전멸하지 않을지도 모르지만
그 시절의 모든 물음표는 결연한 태도로 사라졌다
겨울은 창백한 피를 흘렸다
주인 몰래 풍화하는 사진 쪽으로
몰래 드나드는 바람인가, 보면
창문은 굳게 닫혀 있었다
이젠 누구도 열지 않길 바랐다

*#3: 그저 그런 경우*
우린 쉬이 지루했다
태양이 지나다 떨어뜨린 조각들이
희미하게 제자리를 지키는 밤까지
빌딩은 우리와 더불어 어둠과 저항했다
연교차를 느꼈지만 딱히 대비할 수 없었다

바빴으므로, 새로 산 옷들은
금세 회의적인 무늬가 되었다
우리가 만진 서류의 구석으로
어쩔 도리 없이 커피 몇 잔이 묻을 뿐이었다
그 무렵부터 기형도나 박정만의 한 페이지를 외곤 했다

#4: 예외적인 경우
바람에 첨벙 빠져 죽은 영혼을 본 것 같기도 하다
차곡차곡 쌓이는 겨울밤의 북쪽으로
달아나는 누군가의 영혼을 따라가다가
급기야 바람에 휩쓸려
결국 또 다른 바람이 되고 만 영혼을 본 것 같기도 하다
발다로의 연인˚은 오천 년 동안 춥지 않았다고
실증되지 않은 학설을 믿으면서
늦겨울 고드름이 된 영혼을 본 것 같기도 하다
아직 믿음일 때 가설은 아름답다

#5: 경우 없는 인생
라흐마니노프의 보칼리제에 멈춰 서던 구름과
아침이면 흩어질 어느 밤의 꿈을 섞어 마시며

제집 찾아 걸어가는 여자를 만난다

거리마다 흉악한 전단지 흩날리기 시작한다


오늘 밤 별똥 하나 율법을 등질 것이다



●발다로의 연인: 이탈리아 북부 만토바에서 발견된 청춘 남녀의 유골. 이 유골은 서로 얼굴이 닿을 듯 마주 보고 떨어지지 않으려는 듯 팔은 상대방을 꼭 껴안은 채 팔다리가 얽혀 있다.

## 외뿔소자리

무엇이든 증발하기 좋은 시간
저녁이 나눠 주는 어둠의 지분에
길의 윤곽이 사라지고
길 위에 뒤채였던 사연들이 어둑해진다
자동차와 사람들이 서로를 아득하게 횡단한다

빠져나가지 못한 사연이 이룬 생의 소란과
한동안 대화를 나눴다
찾아 주지 않는 아들을 둔 노모의 가판대에서
가래떡과 출처 없는 메아리가 덥혀질 때
지금쯤 닿아 갔으면 좋을 거리들을 이야기했다
단호히 버려진 시간의 무게로
고물들이 저들끼리 주저앉을 때
이제 와 믿지 못하겠다며 뱉어진 이상과
단단했던 이데올로기들을 이야기했다

길 없이 내게 닿아 온 누군가
슬프게 허공에서 어슬렁거린다
진눈깨비, 이미 다한 그의 사연이
증발할 미래에 근접해 가는 것이 보인다

내 그리움도 누군가의 오랜 풍경이 되지 못했다
이 굴절되는 길 위에서 정녕 물이 되고 말

그립다 말하는 건 한 풍경에의 뒤늦은 집착이다
그래서 오늘은
늙은 우체통 안을 채운 저녁과 더불어
누군가의 오랜 정물이 되어 주기로

# 토스카 제3막
―별은 빛나건만

  나 아닌 사람을 찾는 전화 이후 내가 궁금해진다, 그늘이란 그런 것이다, 먼지 내린 창가에 선태식물처럼 붙어 지도에 없는 섬과 도난당한 골동품과 젊은 어머니의 목덜미를 생각한다, 유리창 밖으로 리어카를 끌고 오르막길에 들어선 아버지가 보인다, 거기엔 먹어선 안 되는 과자들과 이제 막 두려움을 안 눈망울이 실려 있을지 모른다, 고갯마루 위로는 무리를 빠져나온 새 자신의 악센트로 날아오른다, 곤로 위에서 소다에 섞여 녹던 설탕, 구슬 대신 탱자를 굴리며 둥글어 가던 시절로 굳어 간다, 과잉과 결핍 사이에서 찢어지던 흰 고무신, 그늘이란 그런 것일까,

    세상의 윤곽이 어느덧 늙었다 생각될 때
    당신이 찾아 주지 않는 힘으로
    어느 단관 극장
    모서리처럼 닳아지던 관객을 부르리

제2부

네루다의 오후

# 휴야(休夜)


 강의를 쉬었다, 아무도 의심하지 않는 나무 밑에서 생수를 마셨다, 개 한 마리 힐끔 눈길을 주었다, 쓰다 만 편지가 생각났다, 더 이상 주소가 없었다, 주소 같은 건 애초에 없었다, 늘어진 그늘이 어둠을 불렀다, 멀리서 수동적인 저녁이 실려 왔다, 아무나 보고 싶었다, 밤늦도록 잡은 손을 놓을 수 없었던 애인들, 내게서 퇴근했다, 저녁이었으므로, 앰뷸런스가 주춤대는 석양과 몇몇 사내를 병원에 구겨 넣었다, 병원은 불을 켜기 시작했다, 인내심 강한 건물 앞 동상, 표정을 유지했다, 벤치에서 잤다, 그렇게 잔 건 처음이 아니다, 프랑소와 오종(François Ozon)이 유혹했다, 나만의 생각이 아니다, 갑자기 기형도가 죽은 이유로 피곤했다, 모든 저녁은 알 수 없이 피곤하다, 아무도 학교를 원망하지 않았다, 학생들의 치마는 짧아졌지만, 주가는 오른다고 한다, 자살한 자들의 마지막 욕망에 욕을 했다, 욕이 살아 내게 왔다, 갑자기 허벅지가 저렸다, 강의를 쉬었을 뿐이다, 전단지와 버려진 리포트와 꽃잎 몇 개가 달려왔다, 무서웠다, 내 영혼에 자취하는 몇 개의 표정이었다, 입천장이 쓸리던 사랑은 어디 가고, 송이버섯처럼 별이 돋았다, 별이 아니었다,

 뜨지 않는 별과

사라진 사람과
그와 더불어 죽은 기억이 밤샘하는 시간
점자의 윤곽을 따라 흐르는
휴야

# 가고, 또

 봄이 문을 닫았다, 진열대의 목련을 치웠다, 바다는 멀리 있었다, 갈 곳이 없다 투정하기 전에 갈 곳이 돼 주지 못한 걸 자인해야 한다, 외등이 손을 뻗어 어깨를 매만졌다, 어느새 목련을 잃은 어깨 위로 내 것 아닌 풍경들이 쓸려 왔다, 나는 단지 하루를 잃었다고 위로했다, 가령 도서관 길 이파리들처럼 12년 동안 녹이 슨 건 아니다, 빌려 쓴 문장들과 훔쳐 쓴 단어들의 힘만으로 오지 않을 미래를 타종했다, 도서관 앞 동상의 얼굴을 흉내 내면서, 좀처럼 균형을 비우지 않으려고 애를 쓰면서, 다시 돌아온 봄은 중요한 단서를 귀띔해 줄 줄 알았다, 손님 없는 택시처럼 문명의 틈새로 우울만 굴렸다, '결과적'이란 수식어는 문명이 키운 공포다, 굴러간 우울은 아직도 종착지를 모른다, 나로부터 안전한 것들은 도무지 먼 입구만으로 눈부시고, 다른 쪽 어깨에서 이미 무너진 이름들이 비어 간다, 생각나지 않을 것들은 지금 최후의 그리움을 받을 자격이 있다, 물어 잡은 호박 꽃잎을 놓지 않던 그 시절의 개구리들과 같이, 더 견디기 위해 휘파람의 음정을 낮춘다, 나를 빠져나간 지금의 바람에 개구리 울음주머니를 떠난 그 시절의 저음이 섞인다, 멀리 대폿집 간판이 한 글자만 깜박이는 건 다 이유가 있다, 나도 지상의 한 글자와 교환되고 싶었을 뿐이다, 하나님은 어렴풋한 도그마로 나를 방목했다, 나는 너무 많은 '결과적'을 유목했다. 나는 지금 너무 많은 글자다.

# 도미노 트리플치즈콤비피자 L




    함부로 지원서를 써 대자 세계가 저의 서커스를 관람했습니다, 어제 정오엔 전도유망했지만, 오늘 정오는 느리게 옵니다, 겹겹이 포개어 선 이면지 위에 라면 국물이 함부로 튑니다, 무지개가 해 뜨기 전에 기습한다는 가설은 누가 창안한 걸까요, 그렇게 한동안 낙천적인 개그맨을 좋아했습니다, 아슬아슬하게 은메달을 딴 자들을 오물거리며, 아파트 11층까지 걸어 올랐습니다, 무엇이든 거뜬하던 시절이었습니다, 세계의 이편은 어떤 격전 이후 더 흥미진진한 진지가 구축되는 형국이었습니다, 사랑했습니다, 피정(避靜)의 이유를 만드는 그런 세계를, 기도와 주술이 서로의 시간을 간섭했습니다, 예감은 탁월한 생식능력을 가졌다고 전해지지만, 그 이후 도착하는 세계는 무정부적이었습니다, 거기로 이사하는 당신에게 묻습니다,

    우리는 뱃살과 무엇을 빼야 할까요,

## 평등한 생애

    17년산 바람을 마시다 말고 나무가 내려다본다, 조금만 참으라 한다, 지금의 나와 오늘 아침 엄마에게, 떨어지는 건 은행 열매만이 아니다, 도시의 상식은 상하 운동에 기초한다, 그런 일은 가을에만 일어나는 게 아니다, 현대의 위인은 학교로 들어가 습관적인 생애로 졸업한다, 낙하한다, 오늘 같은 날엔 할 일이 있다, 글이 나를 쓰는 일, 저열한 기억에 싱형을 입히는 일, 사라진 자들의 한숨이 이룬 허공(虛空)에 다른 한숨 하나 보태는 일, 보인다, 적금이 엄마의 10년과 누나의 결혼을 볼모로 잡는 풍경, 도시의 공식은 침묵한다, 억울한 건 이 나무에 오줌 방울을 털던 개들만이 아니다, 도시는 첫사랑에게서 배운 욕이 18년 이상 생존하기 쉬운 환경이다, 이런 날 스타카토로 끊어 우는 바람과 고양이는 서로를 정겹게 한다, 그렇게 우리가 긴 세월 정겨웠던 것은 과학에 해당한다, 갑자기 몸이 이불처럼 포개진다, 아주 앉거나, 주저앉은 건 아니다, 함부로 구부러진 키 작은 담배꽁초들이 눈앞에 모인다, 한때 불타올랐던 세련된 이름들이다, 도시처럼 얇은 코팅지가 날아와 뺨을 때린다, 어디서나 봤던 형식인 양, 바람의 뒤나 밟으며, 이토록 평등한 생애는,

# 귀로(歸路)

　막차에서 내린다, 지상의 감촉이 낯설다, 한동안 닳아짐을 피하는 걸음걸이를 생각했다, 운동화를 바꿀 때가 됐다,

　호우주의보와 상관없이 이 골목엔 아이들이 쥐똥처럼 붐빈다, 오늘 너는 우리가 다니던 그 골목을 우회하겠노라 선언했다, 장애(障碍)를 가진 아이들은 장애(長愛)가 필요하다며, 길에 신호등을 박은 건 길이 아니라 인간이라고, 너는 다니던 대학을 그만두고 사사롭게 인생을 리콜했다, 지금도 난민들은 이주에 목숨을 건다지만, 길섶의 이슬과 여치와 그에 비길 만한 생애에겐 미안한 일이지만, 나는 문패 없는 생을 들킬 수 없었다, 미련의 왕래가 기습하는 이 골목에서, 너의 결심에 대해 가뭄인 세계에서, 나는 이런 걸음걸이로, 닥친 일에 닥칠 일을 밀어내며,

　고층 아파트 뒤로 숨죽인 익명의 잔별들에게 미안하다, 네가 다녀가던 나의 망막은 수해를 입을 것이다,

# 유약한 라디오와 개종(改宗)의 세월

 한동안 바이브레이션을 연습했다, 움찔거리는 목젖 사이로, 공무원이 된 누나와, 보험회사에 들어간 친구와, 결국 마네킹의 무표정이 된, 그러니까 작년에 마케팅 부서를 뛰쳐나간 친구가 보였다, 한동안 서먹했던 기타 코드를 불러냈다, 왼 손가락 끝에 오른 굳은살 아래로, 경기도 일대를 떠도는 작은 아버지와, 월급이 반 토막 난 선배와, 주방에서 악보를 찢던 손가락이 보였다, 오징어 몸통처럼 갈라지는 세월들,

 이제 교탁 위에 설 친구는 얼마 전까지 관객 없는 무대에 오르곤 했다, 오로지 내려가기 위하여, 그래도 그 시절, 우리 혼(魂)은 저들끼리 이곳저곳의 음표들을 함부로 수거했다, 가령 '언니네 이발관'에 들러 '미선이'를 찾다가 '낯선 사람들'[*] 틈에 섞여 부랑하곤 했다, 혼들은 우리의 배웅을 정중히 거절했다, 우린 칸막이 책상 너비만큼만, 문명의 잔해를 저주하다, 잔해가 되고, 부모들을 외면하다, 그들의 시반(屍班)이 되었다, 엎드린 자리마다 마른 침, 운명의 형상을 흉내 냈다,

 우린 결국 내려갔다, 맑은 윤곽의 이맘때를 신앙하기 위해, 그러니까 우린 미명(微明)에 이르기 위한 미명(未明)이란 자위로, 그 많은 소리들과 결별했다, 그런 신앙 속에 떠도는 불협

화음의 음가, 그냥 우리였다고 하자, 한번은 라디오를 켰다, 나를 빚던 소리의 시간이 일순 과잉의 화음으로 다시 모였다, 그때 처음 분리수거를 실천했다, 혼이 나와 음악을 두고 걸식(乞食)에 나섰다, 외면했다, 그러건 말건, 세상은 다만 적요(寂寥)할 뿐이라고, 심연에 이르지 않는 삶도 지루하지 않다고, 신념을 교환했다, 옥탑방 위로 빙벽이 섰다, 날카롭게 누워야 했다, 간이 아팠을 뿐이다,


●언니네 이발관, 미선이, 낯선 사람들: 밴드 이름.

# 기아(奇兒)

　밥을 굶었다, 몇몇 부주의가 골목을 휘게 했다, 담장 바깥으로 밀려 나온 무화과는 구원을 바랐다, 외면 받기 전의 떨림은 늘 같은 진폭을 가진다, 급기야 현수막에서 글자들이 떨어졌다, 어제도 잃어버린 이야기로 흥건했다, 이력서는 단지 종이의 무게를 가진다, 아까 그 검은 양복은 아무 말도 하지 않았던 것이다, 그도 현수막처럼 늙어 갈 것이라고 믿는다, 비가 올 날씨가 아니란 건 경험으로 안다, 단지 축축하다, 검은 양복에게 대꾸한 말들은 노을이 되었다고 믿는다, 30년 전 사글세 방 젊은 부부의 장롱에서 보았다, 나를 통과한 누구나 먼 노을을 빌려 갔다, 어느 집 뉴스 소리가 그물로 나를 덮친다, 무화과도 버티는데 누군가는 함부로 자살한 모양이다, 단지 밥을 먹지 못할 수 있다고, 한동안 오전을 산책할 수 있다고만 말하겠다, 새 넥타이가 목을 조르기 전에 그것을 푼다, 가룟 유다가 남긴 유산이 자욱하여 밤이다, 이런 날 골목은 속으로 더욱 휜다, 집을 찾을 수도 있을 것 같았다,

## 동창회

　운동장 위로 수백 평의 시간이 고인다, 20년이 흘렀다, 궁미나꼬, 하고 읊는다. 굶주린 고양이가 총총히 다가온다, 구멍가게와 숙이와 어린 내가 평등해진다, 지금 등교하는 건 이제 없는 미루나무다, 그는 한사코 매달리던 잎새를 잃더니 빈 풍경으로 몸을 던졌다, 키 작은 철봉들도 곁에 선다, 안색을 바꾸고는 그 시절 매달리던 것의 무게를 묻는다, 애타게 고등을 빨아 대던 느낌만 생각난다, 나는 가끔 신발주머니를 잃었고, 분유통에서 죽은 송사리는 나를 용서한 적 없다, 소독차 후방처럼 캄캄했던 친구가 트라이앵글 소리로 온다, 세 가지 색 코스모스였다, 화음을 이루며 우리의 그때를 조문하던 것, 하교 시간과 불량 식품의 친화력으로 헌 슬리퍼가 굴러다닌다, 그 겨울엔 사소한 다툼이 성에처럼 빈번했다, 양철 도시락만 한결같이 난로 위를 지켰다, 오늘은 머리를 두 갈래로 딴 소녀를 만나 그때 산 벙어리장갑을 묻고 싶어진다, 곧잘 잊힐 것들의 목록엔 잘린 고무줄과 간이역만 있는 게 아니다, 열 칸 공책 위를 지나던 서글픔이 지금 국기봉에 게양된다, 눈이 신발 코에 내려앉아 나의 투명을 간질인다, 나는 너무 많은 것을 읊었고, 떠난 것은 좀처럼 돌아보지 않았다, 운동장의 시간에 흙먼지가 인다, 육박해 오는 모든 것은 다음 순간엔 유효하지 않을 유언비어다, 부득불 사라진 것들과

오지 않을 이름들의 동창회, 그리움은 지금 얼룩의 한 생애를 겨냥하고 있다,

# 극지 고고학 1
―학습장애아교육

안락한 집들의 내부는 궁금하지 않았다. 소소한 희망은 저들끼리 분란을 부르지 않는다. 질서 정연하게 시를 흉내 내거나 영화에 겨워 애인을 떠날 뿐이었다. 바다를 처음 본 앙트완의 미래처럼 종종 불안했지만, 나의 괴로움은 다른 족보를 지녔다.

아무 음악에나 스며들기 쉬운 스무 살, 붐비는 길 끝은 성지(聖地)에서 탈락했다. 모든 순례는 한결같이 한가로웠다. 나의 동선 안쪽에서 가끔은 산책하는 이문재와 마주쳤고 그 길은 넥타이와 하이힐이 다니지 않았다. 어떤 느림을 갈아 마실 수 있음으로 내부가 너끈했다. 한번은 오즈 야스지로가 산란한 격자 구도의 가장자리를 내 길에서 만났다. 하나님을 만났다.

가만히 누우면, 과부의 남편이나 고아의 아버지가 다녀갔다. 텅 빈 길에서 목수로 보낸 예수의 어린 시절과 소꿉놀이 했다. 슬픈 낙차를 여럿 배웠지만 어린 예수의 무명 생활은 그 길의 한 점 가로등이 되었다. 머리를 박아 대며 배웠다. 모든 기율(紀律)은 수직으로 내려온다.

평이한 자세를 사랑하는 자와는 결별을 연습했다, 언제부터인가 누구든 들를 것이 불편하다, 어떤 불편은 시인의 낙인이다, 이 밤에 스탠드 불빛 아래에서 쓴 투고 별지 같은, 어쩔 수 없이 정박한 자리에서 자주 부끄럽다, 나로부터 잠적한 좁은 국도를 찾고 싶다,

　불빛 소란한 저편에서 등 돌린 이끼들의 계보는 요염하다, 언젠가의 겟세마네엔 이끼들과 가난하게 저문 사랑이 득실댔을 것이다,

# 극지 고고학 2
―철근콘크리트 공학 및 실습

    자꾸 누군가를 불러 댔다, 집들은 문을 열지 않았다, 그건 집이 아니었다, 도로가 지난다고 했다, 모두가 한여름 허수아비들, 딱총에도 쓰러질 자세들, 내가 죽인 개구리들이거나, 트럭에 밟힌 그해의 고양이처럼, 한동안 기억을 점령하겠다는 듯, 악다구니가 군가처럼 정연했다, 나는 병약한 병아리를 산 적 있고, 그 돈이면 눈깔사탕이 두 알이었지만, 곧 죽을 모든 것이 누런색임을 알 때까지, 우린 짧은 희망을 태엽처럼 감곤 했다, 울지 않는 짐승은 모두 슬프다, 도시계획과의 전화기처럼, 아무렇지 않은 침묵의 힘줄로 연결된, 강남순환고속도로, 맨발로라도 달려가고픈 한쪽을 가진, 계모임인지, 개모임인지, 한번은 고향을 버린 자들끼리, 서로의 문이 되어 주겠다고, 휘어지듯 인사했다, 누런 개나리처럼, 그때 다 알았어야 했다, 누런 것들은 결코 보상 받지 못한다, 불러낼 누군가도 없는데, 허공만 찢어지는데, 화투짝 같은 소리로 짖는, 개들, 황구들,

# 극지 고고학 3
—사회복지학 보론(補論)

나는 순수시를 믿지 않는다

회계사가 된 친구에게 돈을 빌린 적 있다, 그날 쓴 시로부터 한 사람이 태어났다, 그 무렵 사랑이라는 단단하고 완연한 헛손질을 신봉했으므로, 그녀 주변으로 둥근 세상은 나와 서로 과잉이었다, 곧이어 정확한 계절이 외진을 왔다, 나는 시 속으로 들어가 부끄럽게 굴러다녔다, 도시는 완벽하게 높아졌고, 나와 그녀는 절벽이 되었다, 절박이 되었다, 깨끗하지 않은 상상을 했고, 새벽 쓰레기차도 나를 비껴 다녔다,

기다린 전화는 오지 않았다, 나는 실종되었다고 믿었다, 도시 쪽으로 흘린 선의의 다짐들은 여섯 평 원룸을 넘지 못했다, 성실한 공명통이 되어 줄 수 있을 것 같았다, 눈들은 저들끼리 몰려다니다 추락했다, 간사한 겨울이었다, 충청도 어느 해안으로 기름이 유출됐고, 나는 나를 찾겠다는 듯 검은 과거를 거뒀다, 창문을 열면 동결된 약속들이 점점이 낙하했다, 고드름에게 말했다, 한번쯤 업설(業說)을 믿고 싶다고,

시는 죽지 않는다, 세계의 종말처럼 개연성 없이 되살아나며, 황혼에 병약해지는 습관이 있는 한, 언제든 태어날 것이

다, 이것은 연민을 시늉하는 도시를 위한 구빈법(救貧法), 언젠가부터 뾰족해질 때까지 연필을 깎지 않는다, 내 상처만으로 너를 깨우고 싶었다, 오래 잠든 귀두들의 슬픈 알리바이, 저렇게 분주한 사생활의 생태계,

# 극지 고고학 4
―인간행동과 사회환경

　Y의 변(辯): 버림받은 수컷으로 살아왔어요, 성탄절이거나 부활절이거나 거긴 고아원이었죠, 저주를 산란하던 저의 유년엔, 예견된 나중이 유난했어요, 그때부터 저는 일식 같은 존재가 되었어요, 단지 태어난 죄에 대해서만 생각했어요, 개나리가 피지 않는 겨울과 저는 서로 경멸하는 사이죠, 비굴한 초식동물처럼 제 옆구리만 핥다가 고아원 담장을 넘었어요, 열두 살 때 일이지요, 두려움 없이 닳아 가는 먼지의 생과 교류를 끝내고, 두려움이 되었어요, 먼지가 되었어요, 그 무렵부터 사람들의 종교를 샅샅이 수소문했어요, 어느 집은 신(神)을 대문 앞 우유 주머니에 모셨어요, 누군가는 제 삶의 최종 심급을 뒷주머니에 넣어 다녔죠, 그렇게 누군가의 종교를 엿보며 스스로 버림받았어요, 아무 데서나 자는 일이 누구와 자는 일보다 행복했어요, 그 옛날 고아원 다락방이 마지막이었어요, 음악과 세균과 찢어진 사진을 향해 지상에서 가장 먼 별이 다가오던 기억 말이죠, 그 기억으로부터 무너질 각오로 쓴 진술서만 성경 한 권, 흔한 지루함이죠, 그때마다 날개를 가진 질문들이 수시로 머리를 쪼았죠, 오로지 배후를 묻지 않는 힘으로 세상의 미궁(迷宮)이 된 것만 일곱 번째, 아 참, 이것도 이야기해야 해요, 저는 사랑을 과소비하는 남자가 좋아요, 중요한 건 남자가 좋아요, 한번은 나의 처

음을 저주하기 위해, 그다음부터는 저주의 눈부심을 세밀하게 연출하기 위해, 남자를 사랑했어요, 저주를 잉태해선 안 되었어요, 그러니깐 일곱 번째 미궁으로 들어가던 날, 알았어요, 이젠 나의 피에 극악한 흉기가 항해한다는 걸, 누군가가 AIDS라고 말했고, 천국은 침노하거나 진노하는 자의 것이라 믿었어요, 저주와 한 몸이 됐어요, 저는 완전한 두려움이 되었어요, 어차피 마이클 잭슨도 죽는 걸요, 미궁에서 나온 지난가을 아침, 결국 갈 곳을 알았지만, 당장 갈 곳을 몰랐어요, 농담 같은 생이죠,

    그의 젓가락이 지나간 자리를 부릅뜨며 기억한다, 내 젓가락과, 내 손과, 내 목구멍의 최후가 그를 경유하지 못한다, 듣기기 싫은 지금의 표정을 타고 예수가 몸 밖으로 빠져나간다, 뒷주머니에 기거하던 다른 종교가 이른 계산을 종용한다, 내가 건넨 모든 말의 내막으로 나를 향해야 했던 저주가 쌓인다, 계산도 하기 전에 벌써 창밖으로 활강하는 나, 겨울, 진눈깨비,

# 극지 고고학 5
―생활예절의 실제


압착된 모든 건 슬프다, 어쩌면 오늘 발밑에 깔려 죽었을 서너 마리 개미를 보라, 나는 개미 곁에서 대학원생이 되었다, 그에겐 저녁의 약속을 말하지 못한다, 휴식의 간격과 표정은 그가 결정한다, 나의 부진한 언행과 게으른 동선은 독이 되거나 독려 되었다, 그는 그를 닮은 자들에게 '믿는 구석'이었으므로, 구석의 힘은 무서웠다, 모든 것은 그에게로 가 수단이 되었다, 벼랑 위의 바람만이 생의 이유로 남았다는 듯, 그는 쉴 새 없이 벼랑들의 이름이 되었다, 그로부터 공해와 소음이 유발되었다는 소문은 뒷골목에서 긍정되었다, 거리를 유지하려 했으나 강요된 자세만 허락되었다, 정신과 손발에 압정이 박혔다, 함부로 채집되는 주변들 중 중심이 되어 그가 박수 치는 표본이 되었다, 그의 자전과 공전궤도의 비밀에 부단히 협조했다, 흉곽으로 드나드는 위험한 상상은 나를 위독하게 할 뿐이었다, 그를 믿어야 한다는 미신을 기초로 위협적이지 않은 글만 썼다, 눈부시게 연명하는 잔상들이 시로 가는 길목에 붐빈 날도 있었다, 그것들은 절대적으로 단명(해야)했다, 나는 대학원생이었고, 가 보지 않은 일방로로 가속페달을 밟았다, 학자는 시인과 불화하고, 학자는 교회와 불화하고, 학자는 결혼과 불화하고, 학자는 부(富)와도 불화한다, 해(되어)서는 안 된다는 함의를 배면에 감춘 불화, 그는 '태생적'이라고 이름 붙일 나의 모든 것을 그렇게 수렴했다, 어떤 미소는 습관의 도움이 필요하단 걸 안다, 지금 나의 표정은 에탄올과 포름알데히드와 공자가 주물한 것이다, 그러나 이럴수록 보인다, 이런 개미 같은 생활 너머 어딘가, 복원을 기다리는, 피 흘리는 저 선험의 서식지,

# 공평한 우생학

　리차드슨과는 기숙사에서 살았다, 축구의 종주국은 영국이다, 그 무렵 된장국을 멀리했다, 유학 온 일본녀와의 영국생활은 끝내줬단다, 그러나 결국 끝내주지 못한 채 한국에 유학 와 한국녀와 사귀는 중이다, 탁구만큼은 지고 싶지 않았다, 일본녀에게선 여전히 편지가 한국녀에게선 급기야 선물이 오곤 했다, 기숙사 방문 앞에서 처용의 심정을 이해한 적 있다, 나는 잠시 무섭거나 몹시 무더웠다, 축구 실력이 밝혀질 무렵 그는 된장국을 먹자고 말했다, 대한민국은 뻑뻑한 나라여서 그는 숨죽여 뻑, 뻑 했다,

　본명은 아무도 몰랐다, 싼토라고만 불렀다, 필리핀 민다나오에는 망고와 농구가 항상 풍년이었다, 배우지 않은 기타로 아무 노래나 반주하며 한 옥타브 높은 옥탑방에 살았다, 대개의 한국인과 일부 한국인에 관한 통계 처리에 능했다, 그가 신은 신발이 '나이스'나 '아디다리도리스'라고 말한 건 다른 친구다, 팔씨름에 지고 나서 나는 탁구를 가르쳐 주지 않았다, 반군에 희생된 친척을 말할 때 지저분한 손톱과 그의 집 오래된 된장국에만 주목했다, 멸치 잔해와 같은 적도의 섬들은 일시의 연민을 낚시할 뿐이다, 그래도 미리 늙은 그의 얼굴은 간혹 종교의 은신처였다,

〉

 찝찝한 장마 탓에 삼자 회담은 탁구장 실내에서 이뤄졌다. 매번 이겼으나 모두가 박빙이었다. 나만 땀을 흘리는 건 체질 탓이라 믿었다. 그들의 불확실한 미소가 혼신을 염했다. 그 밤 기름 튀기는 근현대사 비판이 삼겹을 이루었다. 남은 상추를 뜯어먹으며 설거지를 자청했다. 옥탑방 창밖으로 튄 밥알들이 별이 되었다. 서로의 잔등에서 된장국 냄새가 났다.

# 문명 속의 불만

　영화관 맨 뒷자리를 박차고 나온다, 살인과 강간이 뒤따라 나온다, 오늘 밤 이 자리에서 누군가는 유행가에 피를 토하고, 누군가는 응급실을 찾을 것이다, 살인과 강간보다 사소한 일이다, 고층 아파트는 어제보다 멀리서 휘황하다, 모든 느와르와 연쇄살인범, 걸그룹과 창녀는 서로의 신기루다, 벼랑이 된다, 아무렇지 않게 오뎅이나 사 먹고 자장면이나 배달시키는 우리는, 버스만 타도 안다, 누구와 아무가 핀잔과 짧은 치마와 욕설 사이에서 침묵하는 벼랑을, 정거장에서 정거장만큼 습관적이어서, 우린 누구와도 작별을 셈할 필요 없고, 가뿐히 누군가의 벼랑이 된다, 밤도 지상을 어슬렁대기 전, 별을 놓고 오는데, 무덤 없이 죽은 영혼들이 이 밤 고양이 울음으로 내리는데,

# 문명 속의 불만 2


다 안다, 그렇지 않아도 의문투성이 통화 내역에 뒤채는 판이라고 말할 것이다, 어제처럼 내일도 시체는 한강 어딘가에서 발견될 것이다, 노숙자를 쫓아내는 서울역 호각 소리에 기차는 남쪽으로 내려가고, 나도 안다, 알지만, 탑골공원과 낙원상가 사이에서 휘청이는 비둘기에게서, 2호선과 5호선의 각도로 서 있는 왕십리역 광고판에서, 누구나 그렇게 살아간다는 위안과 누구와도 다른 목소리를 가진 나라는 불만 사이에서, 어쩌란 말인가, 한강을 건너는 이 버스는 멈추지 않는다,

소피 마르소를 닮지 않은 너에겐 긴 유행이 되고 싶었다, 이건 진심이다, 여전히 삭아 가는 나의 시간과 줄 끊어진 통기타가 외교하는 밤, 월말은 고지서들로 오고, 나는 가끔 유언 없이 죽은 자들의 대오 속 빈자리를 응시한다, 혹시 서성이는 게 나인가 묻는 건 종종 영화, 어느 바지 뒷주머니에 있을지도 모를 편지들, 이제는 늙은 시구(詩句)들, 곧 잠들 것이다, 공평한 그늘에 서로 모르게 숨어, 거대한 밤, 우리 아직 여기에,

# 나무 십자가

옷장 구석에서 늙은 바지가 나온다
호주머니에서 나온 엄지손가락만한 나무 십자가
윤이 난다

예배당 천장으로 사다리가 놓인 밤
위험스런 사내가 형광등을 바꿔 달고 있었다
아무도 없으리라 생각한 건 그도 나도 마찬가지였다

주일이면 그가 입는 허름한 푸른색 재킷은
그의 얼굴 반을 가리는 푸른 반점과 잘 어울렸다
예배당 왼편 가장자리는 늘 그의 소유였다
누구에겐 쉬운 장가드는 일이 어려워
관련되는 질문에 웃기만 하던 그
늘어나는 나이에 스스로 껴얹는 웃음을 두고도
성도들은 많은 말을 흘렸다

회중 예배 때 주술이 호응하지 않는 기도문을 읊조리며
어울리지 않는 울음을 홀로 끄윽끄윽 베풀던 사내
친해지기 위해서는 먼저 불쌍하단 감정에 동의해야 했다
꼬박꼬박 푼돈으로 절기 헌금을 내곤 했는데

오히려 의심의 대상이었다

못된 여자들은 그와 과거를 손쉽게 다녀갔다
거르지 않고 나오는 그의 새벽 예배로
소문은 증명되곤 했다
누군가는 그를 목수라고 했고
누군가는 그냥 백수라고도 했다

형광등을 다 달았는지 천장에 매달렸던 사내
지상으로 내려와 다시 왜소해졌다
목례만 주고받던 내가 몇 마디 건네자
내 손에 쥐어 주는 것이다, 나무 십자가
그 후 사내는 주일날 보이지 않았다
단지 새벽 예배 때 몇 번 더 나왔다고 했다

방 안의 어둠을 메고 누군가 내 방의 빗장을 넘는다
여위어 가는 달
아, 먼 길

제3부

마티스의 팔레트

# 침식

  지난 새벽은 비밀을 가질 만한 날씨였습니다, 늘어난 목을 가진 자들끼리 연대하기 쉬운 온도였습니다, 가로등이거나, 환경미화원이 비껴 세운 빗자루이거나, 우리의 직립을 예언하던 기대이거나, 추돌 사고는 상습적입니다, 서류와 논문과 애인은 조직력 있게 제때를 벗어납니다, 어떤 힘찬 포옹이 아무나 그립게 하는 식입니다, 그러니까 쉬이 반려되는 인생을 작명해선 안 됩니다, 제도는 제도권 밖을 규모 있게 독재합니다, 환경문제는 소수자의 구호라는 게 정설입니다, 적금 일자와 프로야구도 비로 순연될 예정입니다, 이 아침엔 비밀이 없습니다, 특이한 타격 폼을 좋아하는 건 한때입니다, 할머니가 덜 익은 손주들로부터 은퇴하던 날, 아버지는 급속하게 침식했습니다, 사소한 환경문제였습니다, 기념일과 무관한 애인을 여전히 사랑합니다, 정기적인 출근 쪽으로 부정직한 의도가 많이도 자랐습니다, 침식을 바라자 시인이 되었는데도 말입니다,

# 푸코의 농담

―이렇다 할 금지 없이도 윤리적 방종에 흐르지 않고 제 삶에 형식과 스타일을 부여한 고대인들의 지혜와 절제가 오늘날에도 가능한가?

경찰차가 지난다, 나는 아무도 죽이지 않았다, 단지 아무것도 쓰지 못했을 뿐이다, 타워크레인이 30층을 올리는 풍경이 나를 불가피하게 만든다, 시는 벌써 나와야 했다, 전선들은 어스름의 거미줄처럼 낭창거린다, 나는 좀처럼 이어지지 못한다, 다짐도 정량껏 흘려야 했다, 아무도 나의 늦은 귀가를 저주하지 않아 외롭다, 황사가 어느 다큐멘터리 속 사막여우와 그의 죽음을 데려다 놓는다, 그래서 어디든 경찰은 필요하다, 외로움도 지켜봐 줄 누군가를 필요로 한다, 비로소, 전철역 공중변소에서 반투명한 시어가 뚝뚝 떨어진다, 본래 이런 곳엔 시어가 많이 산다, 내가 지나는 경로는 별이 지나는 어둠과 다르다고 믿었다, 바람이라도 길 안내를 할 줄 알았다, 나는 세 시에 점심을 먹었고, 열 시가 되어서도 저녁을 먹지 않았다, 나의 안부를 묻는 전화와 잡지 구독을 요청하는 전화 사이에 네 개의 커피숍이 있었고, 두 개의 와인바가 있었고, 무수한 전봇대가 있었다, 늙은 지하철처럼 모두 지나치게 고독이었다, 밤이었다, 뒤늦게 나는 지하로 내려가 2호선으로 출근한다, 얼큰하게 취한 자들과 퇴근할 예정이다, 시가 노닐기 좋은 시간대다, 나는 그 시간대로 유영하는 습관을 미래지향적 스타일로 여긴다, 그렇게 도시의 율법은 나를 규율할 수 없다, 당분간 나의 미래는 문명으로부

터 두절될 것이다,

# 득세하는 징후


　소극장을 나오자 연극적인 밤이 왔습니다, 저를 탕진하고 돌아가는 욕망이 잠시 뒤돌아보다 갑니다, 기도하는 어머니 미간에서 튀어나온 꿈같은 것들 말입니다, 마로니에 공원엔 늙은 가수가 늦여름 모기만 불러 세웁니다, 빗나갈 예언에 결속되거나 스스로 유기되기 위해 기타는 저 홀로 분주합니다, 저 음험한 어둠은 필시 오래전 집 나간 개입니다, 사라진 약수터에 가 눈알을 헹궈 주고 싶습니다, 완행으로 가는 종착지가 어디냐고만 묻겠습니다, 도식적인 건물엔 누군가의 오답이 오래도록 걸려 있습니다, 예술은 삶을 예술보다 더 흥미롭게 하는 것, 이런 순간에 어느 개그맨의 유행어는 반어적이거나 필사적입니다, 누구는 섹스하는 자세로「한여름 밤의 꿈」을 읽는다지만 생활은 발견되고 생계는 발명되어야 하는 것입니다, 차가 끊겼다는 곤란이 농경문화의 전통을 훈육합니다, 저는 오늘 너무 많은 방랑에 방황의 성분을 수락했습니다, 현실적인 꿈자리를 지상에 청약하려는 동선은 아니었습니다, 정처(定處)가 필요합니다, 그런 상식만이 아폴로의 저녁과 대질심문할 수 있습니다, 취객 몇 명이 재즈처럼 위태합니다, 이 순간에도 밤이 연극적이란 건 제 시의 내면주의와 상관합니다, 대열에서 이탈한 별똥의 끝을 잘 알고 있습니다, 도시가 위독할 일은 없다고 해 두겠습니다, 아직 저를 소모할 욕망이 남았다면 이 거리에 저와 함께 유기될 것입니다, 승선을 기다리는 시어들을 견디지 못할 것 같습니다, 저는 막차여야 합니다,

# 능선을 등진다

 이 산을 다 안다는 듯 다녔다, 내무실로 새던 빗물 몇 개 숲 속에서 떨어진다, 이제는 예비군도 아니다, 언젠가 저 잔등에서 매복을 섰다, 아무나 찾아와 주길 바랐다, 해풍은 컹컹 우는 개들 입에 간조의 적막을 물려주었다, 개들 중 일부는 그해 여름 소비되었다, 나는 단지 야전 상의만 남기고 소금기의 능선과 결별했다, 간결한 스텝이었을 것이다,

 완곡한 능선은 일전의 자리에 아직 있다, 그리하여 능선은 그리움의 저편을 단념시키는 습관이다, 저 아랫마을은 간혹 아버지를 잃은 아이들로 만조를 이룰 것이다, 아이들은 능선이 키운다, 이 순간 제대로 협상하지 못한 원고료나 생각한다는 건 난처한 일이다, 결정을 번복하던 여자를 보는 일이나 매한가지다, 하산하는 스텝에 알 수 없는 적의(敵意)와 산우엉이 들러붙는다, 그 시절의 다짐은 이런 것이 아니었다,

 오늘 내리는 비는 건강에 좋지 않다, 등산로를 벗어난 숲 속은 시어들의 도서관인데, 오늘은 아무것도 대출하고 싶지 않다, 산 아래는 나를 너무 많이 소비하고, 이 산은 너무 많은 다짐을 휘발시켰다, 지상께로 오자 비 그친다, 나의 내력과 무관해지려는 포즈다, 잔가지에 걸려 지친 해만 금 간다,

소금기를 물리는 살아남은 다짐 한 모금으로, 그때처럼 여길
등진다, 두고 온 시어들 적막에 묻는다,

# 묵시(默詩)

그러니까 낯선 산책로가 사라진 것이다,

언제부터인가 잡풀들이 사라졌다, 집과 비밀을 짓는 콘크리트에 거긴 장악 당했다, 내일의 샛바람은 더 엄정한 항로로 다닐 것이다, 족보가 생을 각주 달 듯 도시는 내부의 간격을 길이라 칭할 테고, 우리는 설계된 종점을 나눠 가질 것이다, 그리움은 정해진 시간으로 배달될 것이다, 그때도 젊은 여자들은 지루한 각선미를 사랑하고 숱하게 본 욕망은 많이들 식어 가겠지만, 흔하게 포옹했던 어제의 애인은 다른 애인과 함께 그제의 해변으로 가고, 1량당 124명이 들어간다는 전철은 지하와 지상에서 번갈아 숨죽이겠지만, 어제의 대통령과 오늘의 장관들은 무표정한 박수를 정기적으로 배달 받는다, 표정의 표준은 그때 다 배운다, 내일은 물을 필요도 없다, 문법과 운명은 그렇게 서로의 필연을 짓는다, 유려했던 바람결도, 바람의 실재로 율동하던 잡풀들도 방향과 속도로 계량화될지 모른다, 이제 기억에서 빠져나갈 일만 남았다, 어느 동선에든 쓸데없는 기억을 덧칠했음이 선고된 지금, 어제도 그 자리였던 납작한 돌멩이가 입으로 와 재갈이 된다, 방언이 터지는 예배와 한번에 아홉 마리의 새끼를 낳는 시추에 대해 시를 쓰는 풍경이 닫힌다,

&gt;

　당신은 미로(美路)가 사라진 미로(迷路) 위에서 지워질 것이다.

# 무중력

아직도 전에 사귄 남자 친구로부터 전화를 받는다는 애인이 있다, 오늘은 아내 강간죄로 한 남편이 자살했다, 모든 것은 틀림없이 무중력 때문이다, 그녀를 애인으로 호명하게 한 어떤 힘으로 이미 세상은 규칙을 잃었다, 우리의 여자 친구는 언제든지 '여자'를 떼고 '친구'로 가거나 강간죄에 관해 고민한다, 규칙은 무중력을 해명하지 못한다, 심각한 일은 아니다, 바벨탑에서 흩어진 언어 한 귀퉁이에 기생하다 보면 격식 없이 알게 된다, 애인의 옆방엔 마돈나에게 연애 상담을 받는 남자가 산다, 나는 그를 안다고 생각한다, 어제는 애인 몰래 그제의 짝사랑들을 계산했으므로, 이런 날 마돈나의 친구들은 이상한 영화를 돌려 보거나 괴로운 영화를 끊어 볼 것이다, 규칙 밖이 상식 밖은 아니라는 듯이, 애인과 남자와 나는 서로의 부도를 막아 주는 관계다, 오늘은 어항이 깨지거나 새로 산 운동화로 비가 스미거나 오타로 채워진 시를 만날지 모른다, 규칙을 이야기하는 자들로부터 조만간 이 고민은 이사할 것이다,

# 변종 인간,들

한쪽 눈만 뜨고 우린 거리를 걸었다
휘어진 우산을 타고 빗방울의 비명이 굴러 내려왔다
들창코가 문장을 선창하면
오목눈이 같은 듯 다른 문장을 말하는 식이었다
나에게 이르면 둘러댈 문장이 없었다
내게서 빠져나간 모든 의미는 이미 돌림노래였다
서로에게 들리기 위해 없는 목소리를 발굴하기도 했다
문장과 문장 사이 암전에선 자꾸 비가 내렸다
애국가 이후의 TV 화면처럼
문장을 주저할 때 승부는 끝나는 것이다
그 사이 많은 밥집 담장을 높였다
길 위의 승부였다
자축이거나 자족이면 다른 문장은 태어나지 않았다
누군가 완결된 문장을 지어 진열대 위에 놓으면
자괴이거나 자조의 힘으로 다른 문장을 임신해야 했다
잠정적으로 게임은 끝나지 않을 것이다
길 위에선 장마가 끝나지 않고
길섶으로 피하면 이단(異端)인 까닭이다
한쪽 눈을 감고 애써 거리를 떠나고 싶었지만

# 신드롬


　제 시 속엔 냉소주의자가 만원입니다, 많이들 돌아가는 길을 지우며 삽니다, 군산 앞바다는 헤르타 뮐러의 문장처럼 환합니다, 오늘은 새 떼들이 프리 스타일 안무를 준비합니다, 세계는 패랭이꽃과 해당화를 당기는 줌렌즈를 찾아야 합니다, 한 달을 준비해 보낸 서류들은 이역에서 작고했습니다, 몇 년째 바꾸지 않은 명함에서 더 이상 시어는 흘러나오지 않습니다, 바다 멀리 던진 돌은 폐곡선을 그려요, 라고 말하다가 숨이 가빠집니다, 물방울이 자기를 일으키는 순간은 전승되지 않습니다, 세계로부터 제가 자주 실종되었지만, 저는 어떤 실종 사건도 심미적이라 평했습니다, 가령 위라세타쿤에게서 편집된 영상 안에 함부로 기거했습니다, 그러면서도 어제의 나와 오늘의 당신은 구걸을 멈추지 않습니다, 좀처럼 페널티킥을 주지 않는 심판을 뒀고, 세계는 우리에게, 우리도 우리에게 신랄합니다, 어제를 닮은 그제에도 우릴 호명해 줄 수 있는 저마다의 세계로 연서를 띄웠습니다, 현대적인 장애라 하겠습니다, 시간에 쫓겨 만든 중편영화처럼 군산이 피곤해집니다, 오늘도 해변을 떠나는 시외버스들은 혼곤하겠습니다, 어느 폐교에선 상상 가능한 귀신이 울고, 어떤 남자들은 같은 여자의 팬티를 놓고 협박이든 협상이든 하겠습니다, 가장 설명할 수 없는 게 의도니까요, 지워진 퇴로에

서 냉수를 마십니다, 아, 죄송, 냉소입니다,

# 나를 옮겨 놓은 건 누구였을까

높은 곳의 돌들을 조용히 옮겨 놓는 물에게
처음의 돌이 있던 자리를 더듬어 물었다
그는 제 길을 갔을 뿐이라고만 말했다
덜 마른 빨래를 남의 집 울 밑에 숨겨 놓은 바람에게
내부의 물기를 밀어내던 안간힘에 관해 물었다
그는 아무것도 기억나지 않는다고 말했다

그러던 어느 저녁, 동네 개들의 비관적인 대화가 두서없이 들렸다, 언제부터인가의 일이다, 멀어진 친구를 의심하지 않고 그를 나로부터 멀어지게 한 힘들을 의심하기 시작했다, 예절 아닌 이유로 어떤 이를 향해 고개를 숙일 때 아프게 접히는 가슴 왼쪽이 보였다, 누구는 도달하지 못할 거리 때문에, 누구는 견뎌내지 못할 속도 때문에 고분고분해졌다, 우리의 저녁 식탁 위엔 간단히 비워지지 않을 서글픔이 밥알처럼 뭉쳤다, 시가 우리 생을 쓰기 시작했다, 풍향계의 눈금이 사라지고 건널목의 위치가 바뀌고 급기야 지상의 문법을 세우던 형용사들이 녹기 시작했다, 내 위협적인 그림자가 도시 위에 골고루 깔리자 저녁과 시가 함께 왔다, 내 앞에 놓인 빈 종이를 도시가 두려워하기 시작했다,

나를 옮겨 놓은 건 누구였을까
어딘가로 사라진 안경 때문에 다른 시력에 이사와 사는 이
황홀

# 검은 옷

검은 옷이 시를 쓰겠다 한다, 나로부터 유출된 방사능을 감지한다, 아무렇지 않은 척 우선은 카라멜 마끼아또를 마신다, 잠시 암전이 온다, 우유 거품처럼 천천히 녹아내릴 꿈들과, 나로부터 이미 분가한 점잖은 미래와, 멀어지는 그녀들이 예보하곤 하던 그 무렵의 강우량을 이야기하기로 한다, 말이 나오지 않는다, 문명을 향해 내가 쌓은 고성(固城)의 규모는 자발적 가난을 이루있노라고, 거기서 기거하려 마음먹었던 사람들이 떠나가 이룬 것이 이 도시의 이상이라고 말하려 한다, 침만 삼킨다, 경험으로 안다, 이런 침묵은 어떤 언어도 예열할 수 없을 것이다, 지금은 그를 보며 몇 년 전의 나로 가 예정된 미래와 대화하는 시간, 슬픔은 침묵일 때 형벌이 된다, 연민의 동공을 쉬이 들키는 부모의 내일에 대해, 나는 그렇게 침묵했다, 가령 어떤 권위 앞에서 몰락한 가문의 후손처럼 온순해질 때, 나는 침묵 아닌 것을 획책하지 못했다, 갑자기 검은 옷이 입고 싶어진다, 무질서한 전류가 이룬 침묵, 검은 옷, 무수한 내일의 사인(死因)을 틀림없이 밝혀 주길,

# 주름

—시는 만고역적이다

    너의 걱정이 흉기가 된다, 나는 몇 개의 통장을 비웠고, 지난주 놀이공원에선 솜사탕을 떨어뜨렸다, 나는 뜻 모를 글자들을 산란했고, 거기서 핀 꽃이 사람들과의 시차(時差)를 만들었다, 그리하여 내가 만든 영어(囹圄)의 내부로 가 다른 아버지 옆에 누웠다, 불가해한 그 시절의 수학기호가 올가을의 문양이 되었다, 난해한 모든 날엔 글자들이 산고(産苦)를 데려온다, 무엇이든 하지 않은 적은 없었다, 작년의 달력이 조용히 운다,

    방금 내가 지운 글자와 내게 오지 않은 환영(幻影) 사이, 네가 잃은 기쁨이 오간다, 너는 낯선 것들만 잉태하는 나를 멱살 잡은 적 있다, 괜찮다, 누구도 누구에 대해서는 죄인이다, 한번은 올 것 같은 광경이 극성스럽게 다녀갈 무렵이었다, 그때 잃어버린(릴) 만년필과, 그때 지나쳐 버린(릴) 여자와, 결국 그곳에서 죽은(을) 비목나무 같은 것들, 나는 지금 낱장이 떨어져 나간 시집들의 페이지를 맞춘다, 너의 흉기가 다시 나의 내부를 돌아다니겠지만, 이것만 말하겠다, 끄떡없는 나인데, 너는 참신한 연민으로 끄덕인다, 너덜너덜한 시집 안에 여러 갈래의 길이 있는데, 나의 신앙은 와전되었다,

나를 다녀간 꿈이라면 모두 옛집 언덕에서 늙는다, 서러움의 힘으로 몸을 누인 채 묘비들은 밤마다 연가를 불렀다, 그 화음 속으로 슬며시 눕던 별을 본 적 있다, 우린 벌써 긴 생을 빌렸다, 미꾸라지는 수시로 우리를 빠져나갔고, 연못에선 각시붕어가 그리움을 가르쳤다, 너는 더러 소문을 잉태하였으나, 나는 수소문을 포기하려 한다, 언제부터인가 구두도 닦지 않는다, 신을 구두가 없는 것이기도 했다, 미안하지만 괜찮다, 지금쯤 한둘은 죽었을 그 시절의 친구와, 내가 죽은 이튿날 나를 다녀갈 무고한 이름들에게, 너는 너의 성공을 이룰 필요가 있고 나는 대책 없이 그리웁다 말한다, 견딜 수 없는 주름 사이로 해가 진다, 황혼은 네가 규정한 나의 눈부신 비참(悲慘) 사이로 꽃잎을 세운다,

오늘도 시집 낱장 하나 제 길 떠날 것이다


● 고은의 글귀를 가져왔다.

# 클로노스의 오솔길


비 그치고, 숲 속에 남겨진 것들이 나의 맨 처음을 궁금해 한다, 시어들과 풀벌레가 웅성거리기 시작한다, 내게서 빠져 나간 황사에 가 닿으면 모두 비극이 될 것들, 지난 몇 개월의 압력을 버렸다, 건조한 개조식의 글들엔 영혼이 실리지 않았다, 이런 날 무지개는 뜨지 않는다, 시가 부딪칠 때 내는 흰 빛을 보고 싶었을 뿐이다, 한번은 아버지의 젊음이 괜스레 그리웠다, 트럭에 퍼 담긴 생계는 눈물의 무게를 정량화했을 것이다, 양말을 새로 살 각오다, 발바닥에 묻은 지난 길들은 좀처럼 털어지지 않는다, 안경을 바꿀 예정이다, 나조차 나의 시력(詩力)을 궁금해 하지 않았다, 허나 길짐승과 날벌레의 눈알에 얽힌 그것만한 우주를 포기하고 싶지 않다, 일기도 일당도 되지 않는다고 해서 장래를 함부로 사육하고 싶지 않다, 나로부터 잉태된 미개한 종교에 침엽수가 몸을 섞으러 온다, 시어들의 저녁이 따끔거리며 눈물을 흘린다, 내일이면 새벽 숲 속은 환한 서러움을 둥글게 굴릴 것이다,

## 아픔을 들킨다

예배당에 몸만 벗어 놓고
끊이지 않는 기도문을 타고 바깥으로 나간다
조용히 가라앉은 얼굴로 먼동이 튼다
그 시절의 꼽추 아저씨
슬그머니 다가온다
나는 결코 그에게 잡히지 않았다
이번엔 사팔뜨기가 쫓아온다
나는 단 한번도 그와 공을 차지 않았다
우리의 11살을 갉아먹던 메뚜기도 뛰어온다
사팔뜨기처럼 녀석도 절뚝거린다
(꼽추와 사팔뜨기와 메뚜기는
사마리아에서 비정기적으로 회동하는 사이다)
벗어나려다가 절뚝인다
절뚝이다가 붙잡힌다
서둘러 예배당을 서성이던 몸을 데려온다
이미 피를 흘리고 있다
누군가 내 앞에 멈춰 서길 기다린다
부르튼 햇빛 몇 개 잔등에 매달린다
기도문이 공명하지 못하는 기억 속에서
희고 깊은 뼈마디

문상 온다

아픔을 들킨다

# 선처(善處)

　다른 이름의 커피들이 걸어 나간다, 달팽이처럼 창가에 웅크린다, 사연이 사연을 기다리는 것을 음악이 지켜본다, 물기를 머금은 동공이 내게서 빠져나간다, 버리기 위한 힘으로 몸 안에 구멍을 키운 적 있다, 간절히 쌓은 집들은 곧 무너졌다, 무너진 자리로 처음 보는 별자리들이 다녀가기도 했다, 커피가 목구멍을 타고 내 사연을 마신다, 뼈들이 환해진다, 이런 순간에 시(詩)는 나라는 생식기가 귀찮을 것이다.

　이를테면, 나는 타협안을 들고 찾아온 세상이 무서웠다, 고향은 여전히 가난했다, 다운 당한 복싱 선수가 카운트되듯, 나는 나이를 들켰다, 어떤 맹목이 게으른 하루를 능멸했다, 머리카락이 자라는 속도까지 무서웠다, 친구는 산책하듯 직장을 나왔고, 누이는 고산을 등정하듯 예식장으로 들어갔다, 사람들은 발음 되지 않는 단어들을 소유한 자에게 야만을 언명했다, 권리금도 없는 생애들은 다 유사 형식이다, 정수리에 이리저리 빨대를 꽂는 사내들에겐 내부를 감췄다, 그들이 찾는 배면에서 나의 야만이 발견될 것이다, 번식하는 시어(詩語)들만 실향민이 되었다, 새삼스럽지도 않았다,

　잡지를 편다, 나를 도울 수 없는 글귀들이 야경을 마중한

다, 통유리 창밖에서 바람이 주춤거린다, 일어서다 만 사내
와 잃어서는 안 될 발음기호들이 희미하게 흔들거린다,

   마지막 커피 몇 방울이 나를 읽고, 밤은 음악을 닮아 간다,
축축한 신발 바닥이 아무에게나 선처를 호소한다,

   제발,

## 이문재의 구두

   은행잎이 떨어지는 속도와 흡사했다, 혼자 식당에서 밥 먹을 때의 뒷모습에서 시어를 흘리기도 하는 사람, 그때가 처음이었다, 가만히 접어 든 그의 외투는 긴장의 운율로 구겨지곤 했다, 그의 시에서 본 적 있다, 지구 반대편에서 베어진 나무가 버텨 내고자 했던 하늘 같은 것, 그 어떤 높이를 위해 닳아진 그의 뒷굽은 저 골목 어딘가에 문장을 남겼다, 사라지는 것들로 목이 말랐다, 가령 제 살점을 도려내 가다가 만난 뼈를 보고 웃던 사랑, 어쩌면 미리 추억했어야 했을 사연 같은 것,

   시가 간절했는데, 간이 저렸는데,

# 맥거핀(MacGuffin)


 사실이 아닌 과거가 오기 좋은 날, 어제처럼 편의점에서, 이상하게 중단되는 의욕에 대해 스스로 화두를 던진다, 라면처럼 풀이 죽은 여자가 옆에 있었고, 도로 위로 그녀의 과거가 엎질러지는 게 보였다, 아내로 갈 수 있었던 여자들과 도달할 뻔한 계획들을 생각했다, 한사코 내 생애를 두고 공전하는 것들, 주지하다시피, 7월의 나무엔 익명의 공포가 무성하다,

 점심 땐 도서관을 기습했다, 숨죽였던 책상다리와 갈비뼈가 함께 욱신거렸다, 내부의 온도처럼 서늘한 기억이 비를 불렀다, 피치 못해 그 시절의 고향 집에 잠시 들렀다, 늙은 마루의 노래는 그때부터 자지러지는 미래와 짝했다, 잠이 깼다, 도서관에서의 짜증은 이런 식이다, 펼친 책을 도로 넣고 주스를 사는 여학생 뒤를 밟았다, 벌써 저녁의 일이다, 미처 감지 못한 단발머리에 내 싸구려 향수 냄새를 입혔다, 사실이어도 좋을 미래가 따라왔다,

 나는 써야 할 논문이 있고, 밤을 다녀가는 상념은 단정한 목차를 이루지 못한다, 아침에 일어난 이유가 기억나지 않는다, 습관과 나는 서로 빚을 지는 관계, 이런 생애, 맥거핀,

# 영원과 하루

―내 언어를 말할 수 있을 때…… 왜 그때에만 내 발걸음이 집에 돌아오는 소리를 들을 수 있는 거죠?*

## 프롤로그

내 말이 나로부터 유리된다, 그 모든 말들을 추수하러 그렇게 나는 돌아다녔다, 그 나무 아래와 저 건물 3층에서 나는 숱한 너를 만나며 말을 찾았다, 그때마다 말과 나는 서로를 귀양 보냈다, 더 많은 길들이 닫힘으로 인해 나는 집으로 가는 길을 외고 있다, 더 많은 얼굴들을 지움으로 인해 나는 사랑한다 말한다, 부지런히 쓴 일기도 그날과 무관하다, 주인 잃은 개는 기억부터 잃어야 한다, 우린 지상의 내력에 관해 주인이 아니다, 안녕, 하고 뒤돌아서 앉은 통일호 기차 의자는 역방향이었다, 나는 멀어지는 것들의 최후를 함부로 가늠했다, 미안하다는 말은 그날의 주인이 아니다, 그 후 너는 그날로 가는 말에 관해 부정직해도 좋다, 이 증오에 아무것도 쓰러지지 않을 테지만, 아무것도 쓰지 않을 수 없을 때 우린 지금처럼 범죄한다,

## 영원으로 가지 않을 하루들

이 창가를 사랑한다, 함부로 성에에 글씨를 쓰기 좋은 곳이다, 글씨는 금방 흘러내리며 스스로를 지운다, 지워지는 틈

으로 맑아지는 건 우리가 찾던 말이 아니다, 여자의 목덜미를 움킨 남자의 손과 개를 산책시키는 할머니의 발과 요구르트 아줌마의 불편한 보폭이 긴장을 데려오지만, 그것은 다시 성에가 된다, 불투명이다, 등 뒤에선 로맨틱을 청구하는 여자와 강요된 첫 출근을 이야기하는 남자가 마음 부비고 있을 것이다, 그들의 말이 방랑을 떠난다, 언젠가 서로의 말을 쫓다가 그들은 어긋나 있을 것이다, 염세적인 최후는 예언 속에만 사는 것이 아니다,

  이 감독의 영화는 놓치지 않는다, 완성하지 못한 말은 그의 영화 속에 산다, 내 것 아닌 문장을 위하여 나의 옛집은 허물어졌고, 나는 오늘 영화 속에서 집을 세우며 팝콘처럼 튀어 나간 말들을 내버려 두었다, 아침이 피곤한 모든 사람들은 사실 정적을 훔쳐 간 환영을 사랑하는 것이다, 하루 분량의 피곤에 대하여 이 영화의 위로는 관대하다, 영화관이 허락한 잠에서 영문을 모르고 싶다,

**에필로그**

  완성하지 못한 시들만 묶어 시집을 내고 싶었다, 그것만으

로도 우린 불편한 관계다, 그렇게 또 얼마나 잘못 완결된 사연들이 타종 될 것인가,

●테오 앙겔로풀로스의 「영원과 하루」에 등장하는 알렉산더의 대사 중.

제4부

고다르에게서 죽은 시간

## 수세기의 개연성

   The Showmen을 탈퇴한 마리오 무젤라와 근대화의 아버지가 죽자 내가 태어났다, 개연성 있게 말한다면, 나는 기괴한 새마을 귀퉁이에서 새로운 아트락 리듬으로 태어난 셈이다,

   아버지는 묵을 판 적 있다, 80년 광주에서 봄을 보냈다, 정의사회란 슬로건과 통장 자릿수는 착시 효과를 불러일으키기 십상이다, 아버지들의 무의식은 개연성 없는 미래에 속기 쉬운 구조다, 아들이 구구단을 떼자 노모가 죽었다, 등이 굽는다는 것을 느끼자 딸의 교복은 자꾸 줄었다, 무시무시한 개연성이다, 90년에도 아버지는 버릴 수 없는 것들의 이름으로 광주를 지켰다, 일요일을 주일(土日)로 선포하자 IMF가 출근을 저지하는 식이었다, 광주와의 결별은 아들이 대신했다, 거룩하거나 섹시한 세기말의 태풍들을 견디고는 아들은 서울에 안착했다, 삶이란 어디든 공평하다고 말한 건 서울의 21세기였다, 돈 빌려 간 친구가 입대하자 아들은 첫 키스 상대를 잃었다,

   3000년에도 누군가는 아무런 이유로 무엇이든 팔고, 어디에서든 계절을 견디며, 어떤 변화를 용납하면서, 익숙함의

급습에 쫓겨 다닐 것이다, 괜찮다, 방금 귀밑머리를 간질인 바람의 이유도 금방 해독될 것이다, 우리가 말한 말들로 우리는 단정히 말해질 것이다, 함부로 입은 옷이 이룬 유행처럼,

   이 세련된 수세기의 개연성!

# 미열

아무 말 없이 기도 안에 들이던 풍경을 포기하노니
　지금은 염세적인 사연들이 후두둑 피고 지기 좋은 온도입니다

이렇게 오는 밤에
제가 불렀던 노래의 살점을 주우며
빛이 간질이지 못하는 심해를 걱정한 적 있습니다

세계는 여전히 정확무오합니다

아홉 살의 낮에
세계가 스스로를 지탱하는
그 단호한 균형을 본 적 있습니다
그날 이웃집 유리창을 깨고 도망간 진범은 누구였을까요
이웃과 엄마에게 번갈아 멱살 잡힌 후
단층집 단칸방 창틈으로 석양은 제 살을 내려놓았습니다
단지 원했던 건, 원하기만 했던 건
언제든 불가능한 도시락 반찬과
로봇 장난감과 24색 크레파스였습니다

저를 떠돌다 정작 저만 두고 떠날 사람은 누구일까요
어제 깨진 그릇 밖으로 친구 몇 명이 파편이 됩니다
숨죽이던 미래는 하나둘 다른 이의 오늘로 갑니다
제 눈이 오래 매만진 것들이 종종 저를 찔러댑니다
이를테면 빛바랜 이불과 휜 젓가락과
그래도 엊그제 다시 주문한 중고 책 같은 것 말입니다

손바닥을 오므리자
저를 맴돌던 그늘이 오래된 항해로를 그립니다
옮기려던 습관이 만든 번잡한 길들

북극의 해수면이 한 눈금씩 높아진다는데
내 탓이 아니라 하는데

# 남풍

제 발자국을 들키지 않는 습관으로

양 떼를 유목하던 남풍

양 떼를 잠시 버려두고

옥상에 와 쉰다

나지막한 2층집을 위해 달려온

아버지는 누이와 나의 팬티 곁에서

느긋한 남풍과 대작하며

피곤한 인생 바깥을 안주 삼는다

걸레와 빨래와

그것의 주인들의 미래를 위해

아버지 건조해져 온 셈이다

남풍은 다시 남쪽으로

아버지는 이제 곧 지상으로

지구상에 단 하나인

아버지의 난닝구 구멍 쪽으로

뒤늦게 빠져나가는

이것은

# 심야 할인

영화관 안에서 지상의 물음을 수거하곤 했다

저 바깥은 종결된 문장으로 가득하다

내항(內港) 밖으로 나가면
아버지의 이름으로 보는 환상이 있었다
해풍을 견디며 남모르게 휘어진 곰솔
뿌리째 걸어오는가 보면 아버지 등뼈였다
내 방문을 막고 서서 그것은
맹렬하게 갈바람을 견뎠다

조금씩 사라지는 건 옛집의 기억과
아버지가 살아 봄 직했던 미완의 나라

떼를 지어 무난한 수신자를 찾던 잔별들도 가고
눈부신 와이셔츠로 출근하는 아침은 저물었다
나는 방점 없이 떠도는 신념과 교류하는 소리
종결된 문장들은 나를 허락하지 않았다

아직도

비명을 들키지 않은 아버지의 정원이 있고
제대로 심어지지 않은 아들의 뿌리가 있다

지금은 사라졌다는 곰솔을 떠올리면
휘어진 등뼈가 저들끼리 서걱대는 밤을 생각하면
내 시에서 이사하고 싶어진다

영화는 이 밤을 종결짓지 못하고
내 시엔 방점이 없고

# 오래된 신비

1
어머니 머리맡에서 아브라함을 듣던 유년의 한복판
창백해 가던 연탄은 차라리 경건했다

막내야, 보지 못하는 순간에,
낙엽은 기어이 제 몸을 뒤집는단다,
도처에 널린 기적을 믿는다면,
이 저녁의 괴로움과 화평할 수 있지,

그 시절의 아버지는 남매를 견디기 위하여 새벽 자전거를 끌었다, 천편일률적으로 적어 낸 장래 희망 쪽으로 잔잔한 생애는 진격해야 했다, 유년을 배웅한 건 다시 찾을 수 없다는 게 밝혀진 구슬이나 딱지가 아니었다, 뻥 하고 터지는 순간을 향한 뻥튀기 기계의 압력이었다,

2
씩씩하게 자랐다
이른 아침 태양과 정오의 고드름을 골고루 먹으며
그날 고장 난 교회 종은 어머니의 새벽 기도를 만류했는데
만류할 수 없어 선생님은 가정방문을 오셨다

〉
　이 아이는 성공할 수 있습니다,

　친구의 집으로 금방 일어서기 위한 선생님의 말씀은 미묘한 압력을 가졌다, 방문이 닫히자 방문은 끝났고, 그 친구 집 근처에선 공놀이를 하거나 딱지를 쳐선 안 되었다, 눈깔사탕을 오물거리며 보았다, 촌지를 받은 선생을 데리고 헛기침이면 골목으로 사라지는 것을, 헛헛한 생각이 있었다면, 담장 높은 친구의 집은 다괴를 많이 남겼을 것이라는 심증이었다,

　3
　막내야,
　사람이 키운 화단은 바람에도 죽지만,
　하나님이 키운 야생화는 다음 해의 폭설을 기다린단다,

　친구 집 담장 높이는 강도와 나에게 공평하게 불리했는데,

　늙은 어머니 기도하시며 좌우 앞뒤로 흔들린다
　여전히 신비는 흔들리고도 다시 제자리로 오는 기적에 살
고

# 20±1세기 소년
—무방향 일기

저는 사이다 사이를 떠다니는 허공입니다, 아무도 모르게 자라난 쑥의 속도입니다, 어느새 어둠을 움키고 있는 칡뿌리의 부피입니다, 봄이면 누군가의 새끼를 낳던 우리 집 황구의 사생활입니다,

다 사소한 일들입니다, 그해 선생님은 유방이 생긴 아이들만 안아 줬습니다, 비가 오면 영웅처럼 공을 찼습니다, 화장실은 발목을 첨벙이며 놀기 좋은 곳이었습니다, 모기장을 걷어 내자 호돌이가 올림픽을 데려왔습니다, 아버지는 월급을 들켰고 누나의 안경은 두꺼워졌습니다, 교련복의 삼촌들은 얼룩 고양이처럼 얌전했습니다, 간혹 짧은 소시지를 보여 주던 핫도그를 저주했습니다, 무방향의 돌멩이에 맞은 친구로부터 케첩 같은 누명을 썼습니다, 어머니의 파리채는 이상한 궤적으로 바빴습니다, 저의 종아리에 난 싱싱한 길섶으로 가을이 푸른 코스모스를 데려왔습니다, 길 밖의 길이 저와 완강한 미래를 키웠습니다,

저는 진화론을 무너뜨리는 물증입니다, 죽을 때 신화가 되는 자의 은폐된 과거입니다, 문명의 귀퉁이를 닳게 할 미래의 진실입니다, 격문과 구호가 속박한 현수막 끈의 팽팽함

입니다,

　여전히 사소한 일투성이였습니다, 그해 교수님은 했던 말을 반복했습니다, 해가 지면 철봉에 매달려 지상을 등졌습니다, 옥상에 가서 국민체조의 휘발성과 싸운 적 있습니다, 기말고사를 채 마치기도 전에 월드컵 팀이 귀국했습니다, 낙원상가에서 구원 받은 대열의 후미에 섰습니다, 어머니는 십 년째 신호등을 주의시켰고 부주의한 오토바이가 주인을 잃었습니다, 대통령과 길고양이는 단호한 간격으로 절룩거렸습니다, 함부로 키운 구절들은 음악 같은 수식어만 편애했습니다, 고래고래 노랠 부르다 하루에도 몇 곡이 탄생했고 그런 날 옆방 형에게 불려 갔습니다, 오후에 기상하기도 하던 날에는 서역의 낙타가 보였습니다, 관심 받지 못하는 환영 속에 문장이 득실댔습니다, 그때마다 길 없이 길 가는 일이 목마르지 않았습니다, 처음 가는 길을 궁금해 하지 않는 구름은 무방향으로 흐릅니다,


　저녁엔두유만먹는여자와헤어지면서
　실패한혁명가가모반자가된다는것을알았습니다
　함부로말을뱉는권력자로부터조퇴하는밤엔

어둠이안에서키운그늘의광범위한환생이라고생각했습니다
근성없이돋아난말들만물주고빛쏘여키웠습니다

들키는 당신도
얌전한 당신도
누명 쓴 당신도
반복하는 당신도
싸우는 당신도
절룩이는 당신도
편애하는 당신도
불려 간 당신도
무방향으로 자라거나 늙습니다,

변명을생각하는지금당신의표정도무방향입니다,

해 설

# '누구나'와 '누군가'의 익명성 속에서, 문명은,

김춘식

어느 날 문득, 길 위에서, 추억 속을 헤맨다. 뿌옇게 흐려진 거리, 그리고 시간 속에서 언젠가 지나간 곳, 스쳐 지나간 곳을 그렇게 반복해서 다시 걷는 것이다. 기억과 풍경이 겹쳐진 자리에서 남은 것은, 이런 순간들이 앞으로도 운명처럼 계속되리라는 것, 그리고 문득, 내가 그런 반복 속에 찍힌 쉼표거나, 마침표거나, 혹은 잘못 쓰인 문장일 수도 있다는 예감이다. 무한 반복의 영화 장면처럼, 익명의 기호이자, 잉여가 되어 도시 속을 떠도는 그런 흔한 얼굴에 대한 참을 수 없는 무기력과 고통이 바로 문명의 정서, 문명이 낳은 이 도시의 정서는 아닌가.

안숭범의 신작 시집 『티티카카의 석양』에는 시인의 동세대적인 인식과 세대 감각이 만든 짙은 '노을'이 담겨 있다. '석양'을 바라보는 자의 자의식이면서 동시에 그 '석양' 위에 이미 거부할 수 없이 짙게 새겨진 '노을'에 저항하거나 그 노을을 부정하고 싶은 자의 마음이 이 시집의 시편을 만들어 낸 것처럼 보이는 까닭도 이런 점 때문이다.

"다시 들어갈 수 없는 곳엔 유일한 표정을 세워야 한다"(「시인의 말」)는 시인의 말처럼, 석양이 무수한 표정의 퇴적층이라면, 그가 바라본 '시'는, 무수한 표정들이자 이제 그가 마지막으로 세워야 하는 '표정'인지도 모르리라 생각한다.

> 병원을 지났다, 누구는 지금도 아파할 것이다, 좀처럼 하지 않는 표정을 생각해 냈다, 반쯤 내려진 제과점 셔터가 주인을 두 동강 냈다, 살아남은 빵들만 냄새로 다녀갔다, 휴대폰이 오른손으로 기어 왔다, 너무 많은 사람들에게 미안했으므로, 누구와는 아무 숫자도 교환하지 않았다는 게 밝혀졌다, 구름은 또 거기서 서성였다, 오늘 하루만도 수없이 저 길을 오갔다, 당신도 알 것이다, 그렇게 오는 밤은 구름의 망설임을 머금는다, 버스가 멀리서 사람들로부터 버림받는다, 멀어지는 것들 사이에 남은 건, 매연이거나, 사랑이거나, 매연 같은 사랑이다, 그런 식으로 침침한 채 버스와 사람은, 서울역과 우체통은, 하수도와 전선은 곧잘 닮아 간다, 놀랄 일이 아니다, 그렇게 모든 불투명은 떠나기 위해 모인다, 기억을 능욕했던 매서운 문장들까지, 문장 안에 가득 찬 너의 형식까지, 단지 병원과 제과점과 버스 정류장을 지났을 뿐이다,
> ―「칠흑(漆黑)」 전문

인용한 시에서 화자는 병원을 지나면서 "좀처럼 하지 않는

표정을 생각해" 낸다. 그리고 "누구는 지금도 아파"하고, "누구와는 아무" 연락도 하지 않은 채 지내고, 그리고 "너무 많은 사람들에게 미안했"다는 사실을 떠올린다. 또, 구름은 하루에도 수없이 같은 길을 오갔고 그렇게 다가오는 밤이면 이 도시의 모든 사람, 즉 당신도 구름의 망설임이 그 밤공기 속에 섞여 있다는 것을 알 것이라고 단정한다.

이런 식의 화법은 지극히 냉소적이지만, 동시에 불확실한 모든 것에 대해 너무나 확고하게 '알고 있다'는 암시를 줌으로써, 화자가 직면하고 있는 모든 부조리와 권태, 막연함을 단호하게 '일상적인 것'이라고 규정하는 효과를 준다. 이제 이 도시의 모든 익명성과 모호함, 반복되는 부조리, 권태는 특별한 것이 아니라 그저 이 도시의 생리(生理)일 뿐이다. 그러니까 화자는 "누구나"와 마찬가지로, 그리고 "당신도" 이미 알고 있듯이, 도시의 일상적 표정 속에서, 그 생리(生理) 속에서 그저 그렇고 그런 저녁을 맞고 있는 것이다. 버림받고, 멀어지고, 매연처럼 뿌옇고, 침침해져서 모든 것이 닮아 버리는 것, 그 불투명함의 형식이 바로 도시의 문법이라면, 이제는 어떤 문장도 "병원과 제과점과 버스 정류장을 지"나듯이 닮아 갈 것이다.

이 시에서 제목 "칠흑(漆黑)"의 상징성은 아마 여기에 있는 듯하다. 모든 것을 불투명하게 만드는 그 놀라운 반복의 형식 속에서, 사라져 버리기 위해 모이는 사물들의 정서를 보는 순간, "칠흑"은 도시가 부여하고 있는 '상실'을 가장 잘 표현하고 있는 말이 되는 것이다.

문명의 형식과 정서를 포착하는 안숭범 시인의 시선은 문제적이기는 하지만, 의식적인 문명 비판보다는 자신 속에 내면화된 '문명의 정서'를 들여다보는 쪽에 보다 더 집중하고 있는 듯하다.

 시인의 기억 속에서 종종 모든 것들은 돌아오거나, 반복된다. 시 「축전(祝電)」에서는 "그대가 던진 물수제비"가 돌아오고, "함께 본 영화" 속의 주인공이 다시 죽고, "그때의 아이스크림이 다시 녹"는다. 기억에 대한 강한 집착이 만드는 심리일 수도 있지만, 안숭범 시인의 시에서 이 심리는 상당히 근원적인 것으로 보인다.

 "믿어도 좋을 의미에 관해 말한다면, 종일토록 쓸쓸한 노트로 기어간 그 시절의 언어일 것입니다"(「축전」)라는 말을 통해, 기억의 회귀란 단순한 반복이 아니라 '언어의 원점'에 대한 자각임을 짐작할 수 있기 때문이다. "그대의 고름 위로 돋은 새살이 직진의 문법을 완성합니다"(같은 시)라는 표현도 직설적이기는 하지만, 불투명하고 모호한, 또 한편으로는 멜랑꼴리한 도시의 정서를 시인이 무엇으로 관통해 가고 있는지를 잘 보여 주는 구절이다.

 존재의 고유성이 사라진 익명의 도시에서, 모든 삶은 반복해서 돌아가는 영화필름일지도 모르지만, 그렇기에 기억은 더욱 그 반복의 틈 사이를 애써 비집고 나오는 것이다.

 안숭범 시인의 표현과 언어가 지극히 사적인 정서와 우울을 반영하고 있다는 점은 이런 점과 관련해서 아주 중요한 특징이라고 생각된다. 사실, 이 점은 이 시인의 독특한 정서에서 우러나오는 매력적인 표현과도 관련이 된다는 점에서 이 시인의 언어적 자질에 해당되는 부분이기도 하다.

　문장의 흐름에 뛰어난 이 시인의 자질은 이미지의 응축보다는 분산 혹은 모호한 정서의 흥얼거림에서 미적 표현이 좀 더 잘 드러난다. "음악의 우울을 빌려 어떤 나를 듣고픈 저녁"(「흔들림」)과 같은 표현은 쉽게 눈으로 보거나 만질 수 없는 모호한 감각과 정서를 드러내는 데에 이 시인의 문장이 뛰어나다는 점을 잘 보여 준다. 실제로 안숭범 시인의 대다수 작품이 다소 고백적인 언술이나 화자의 어조에 바탕을 두고 시적 정서를 이끌어 가는 점은 이런 특징과 무관한 것이 아니다.

　시인의 '문장'에 대한 의식은 시 속에서 '기억'과 거의 같은 함의를 가지고 있기도 하다. 앞에서 이미 말한 것처럼 "쓸쓸한 노트로 기어간 그 시절의 언어"가 유일하게 믿어도 좋은 것이라면 '문장'은 그가 자신의 고유성을 드러내기 위해 기댄 유일한 신념일 수도 있다. 직진의 문법을 배우고, 타인에게 배운 문장 속에서 다시 자신만의 문장을 적어 나가려고 고투해 온 과정이, 작품 속에서 시적 언술로 나타난 기억의 대부분을 차지하고 있는 점도 주목할 만한 부분이다. 기억, 문장, 표정은 이 점에서 그가 살아온 도시와 문명에 대한 한 세대의 기록이라고 보아도 무관하지 않을 것이다.

　"질서를 흉내 내는 자세로 친구 곁에 선다, 우린 이미 전염됐다"(「전염」)라는 언술을 단순히 기성의 것을 거부하는 '청년 세대'의 '언더그라운드식 저항 담론'이라고 볼 수만은 없을 것이다. 도시와 문명의 일상이 지닌 '질서'가 그의 시적 언술 속에 포착되었다면 그것은 그의 문장이 그런 질서로부터 벗어나기 위한 '확고한 표정'에 대한 고민을 품기 시작했다는 뜻이기도 하다.

    (전략) 빌려 쓴 문장들과 훔쳐 쓴 단어들의 힘만으로 오지 않을 미래를 타종했다, 도서관 앞 동상의 얼굴을 흉내 내면서, 좀처럼 균형을 비우지 않으려고 애를 쓰면서, 다시 돌아온 봄은 중요한 단서를 귀띔해 줄 줄 알았다, 손님 없는 택시처럼 문명의 틈새로 우울만 굴렸다, '결과적'이란 수식어는 문명이 키운 공포다, 굴러간 우울은 아직도 종착지를 모른다, 나로부터 안전한 것들은 도무지 먼 입구만으로 눈부시고, 다른 쪽 어깨에서 이미 무너진 이름들이 비어 간다, 생각나지 않을 것들은 지금 최후의 그리움을 받을 자격이 있다, 물어 잡은 호박꽃잎을 놓지 않던 그 시절의 개구리들과 같이, 더 견디기 위해 휘파람의 음정을 낮춘다, 나를 빠져나간 지금의 바람에 개구리 울음주머니를 떠난 그 시절의 저음이 섞인다, 멀리 대폿집 간판이 한 글자만 깜박이는 건 다 이유가 있다, 나도 지상의 한 글자와 교환되고 싶었을 뿐이다, 하나님은 어렴풋한 도 그마로 나를 방목했다, 나는 너무 많은 '결과적'을 유목했다, 나는 지금 너무 많은 글자다,
                                                      —「가고, 또」 부분

인용한 시에서 "나는 지금 너무 많은 글자다"가 함축하는

의미는 과연 무엇일까. "나도 지상의 한 글자와 교환되고 싶었을 뿐"이라는 말이 암시하듯이, 시인이란 어쩌면 단 하나의 글자, 문장으로 교환되는 자인지도 모르리라. 그러니 "빌려 쓴 문장들과 훔쳐 쓴 단어들의 힘만으로 오지 않을 미래를 타종"한 시간들은 모두 "결과적"에 종속된 삶인 것이다. 미래의 '단서'가, 질서 잡힌 균형과 시간의 축적 속에 있다는 것이야말로 '문명의 일상'에 가장 가까운 담론이 아닌가.

성장 체험 속에 이런 "결과적"의 강박과 공포의 기억을 지니고 있지 않은 도시의 성장 세대는 아마 거의 없으리라. 시인이 자기를 빠져나간 기억과 바람, 잊혀 가는 것들, 생각나지 않는 것들이 "그리움을 받을 자격이 있다"고 말하는 것도 이 점에 대한 역설이다.

"결과적"을 유목하면서, "결과적"으로 유목 되어 온 내가, 신의 도그마로 '방목' 되었다는 말에 주목해 보자. 결국, 내가 넘어야 할 도그마는 내가 너무 많이 "유목한" "결과적"의 산물인 "많은 글자"이다. 어느 것이 진정한 자신의 언어인지를 모르게 된 것처럼, 도시와 문명의 일상이 모두가 서로 닮아가며 그 고유성을 잃어버리고 불투명하게 사라진다는 시인의 언술을 다시 한번 생각해 보면 이 점은 쉽게 이해가 되리라.

"문명의 틈새로" 굴린 우울이 그를 키웠고 그의 표정을 만들었다고 시인은 말한다. 그렇다면, 시인은 달리 말하면, 문명의 틈새 속에서 자라난 것이다. 문명의 틈새가 낳은 시인, 적절한 표현인지는 모르겠지만, 이 점에서 안숭범 시인은 '문명의 틈새를 들여다보는 시인'이다. "몇몇 부주의가 골목을 휘게 했다"(「기아(飢兒)」)라는 시 구절에서 휘어진 골목 안을 들여다보는 시인은 곧, 문명의 틈새를 엿보는 시인과 다르지 않다.

> (전략) 각별한 취미가 방어하는 우리의 일상을 듣고, 적금 통장 안에 구축되어 가는 새로운 진지의 허술함을 듣는다, 당신의 이마 너머로 자란 첫 흰머리의 불투명성을 듣고, 이제는 맞지 않는 바지가 분리수거함으로 기어가는 소리를 듣는다,
>
> 많은 노래를 만들었고, 노래가 저 혼자 자기 생애를 기다렸으나, 오타처럼 벗어난 시간과 번안되지 않는 공간 속에서, 세계와의 이별은, 노래조차 아닌 우리는,
> ─「당신과 나의 8월 22일」 부분

문명의 굴레를 벗어나지 못하고 살아가는 삶이란 바로 이런 것이다. "각별한 취미가 방어하는 우리의 일상"이라는 구절처럼, 한때는 '소중했던 모든 것들'이 이제는 그저 일상을 더욱 견고하게 만드는 취미로 전락하고 만다. 취미란 이제 나의 존재성이 사라진 그저 '일상의 기표'에 불과한 것을 의미할 뿐이다.

마찬가지로, "적금 통장", "첫 흰머리", 살이 쪄서 맞지 않게 된 바지 등 일상의 영역 안에서 "누구나"와 "아무도"의 보편적 익명성으로부터 벗어나는 사람은 없다. 그것이 세계와의 이별의 결과인 '문명의 일상'이다. 시가 깃들어 있는 곳은

비껴간 것, 오타처럼 벗어난 것, 번안되지 않는 공간 속에 있지만, 일상의 우리는 그곳에 없다.

  안승범 시인의 문명에 대한 내면화된 시선은 이 점에서 지나간 청춘에 대한 세대론적인 고찰을 포함하고 있다. '오염', '반복되어 닳아 가는 삶'에 대한 시인의 인식은 단 하나의 표정만이라도 온전히 소유하고 싶은 한 세대의 '존재'에 대한 열망을 담고 있는 것이다.

  다시 말해서, 처음부터 자신의 존재에 대한 절망을 태생적으로 안고 살아가게끔 되어 있는 문명의 자식들은 이 점에서 '기아(棄兒)'이기도 하다.

    밥을 굶었다, 몇몇 부주의가 골목을 휘게 했다, 담장 바깥으로 밀려 나온 무화과는 구원을 바랐다, 외면 받기 전의 떨림은 늘 같은 진폭을 가진다, 급기야 현수막에서 글자들이 떨어졌다, 어제도 잃어버린 이야기로 흥건했다, 이력서는 단지 종이의 무게를 가진다, 아까 그 검은 양복은 아무 말도 하지 않았던 것이다, 그도 현수막처럼 늙어 갈 것이라고 믿는다, 비가 올 날씨가 아니란 건 경험으로 안다, 단지 축축하다, 검은 양복에게 대꾸한 말들은 노을이 되었다고 믿는다, 30년 전 사글세 방 젊은 부부의 장롱에서 보았다, 나를 통과한 누구나 먼 노을을 빌려 갔다, 어느 집 뉴스 소리가 그물로 나를 덮친다, 무화과도 버티는데 누군가는 함부로 자살한 모양이다, 단지 밥을 먹지 못할 수 있다고, 한동안 오전을 산책할 수 있다고만 말하겠다, 새 넥타이가 목을 조르기 전에 그것을 푼다, 가롯

유다가 남긴 유산이 자욱하여 밤이다. 이런 날 골목은 속으로
더욱 휜다. 집을 찾을 수도 있을 것 같았다.

—「기아(奇兒)」 전문

버려졌다는 의미의 '기아(棄兒)'와 굶주렸다는 의미의 '기아(飢兒)'를 모두 암시하는 의미에서 이 시의 제목은 '기아(奇兒)'인 듯하다. 몇몇 부주의로 골목은 휘었고 나는 집을 잃었다. 무화과가 구원을 갈망하여 담장 밖으로 밀려 나왔지만 그것은 외면 받기 직전의 떨림 같은 것으로 보인다. 이런 상황이 바로 나의 '기이함'을 만드는 조건이다. 휘어진 골목이 부주의의 결과인 것처럼, 내가 길을 잃고, 밥을 굶고, 구원에 목말라 하는 것은 그 '기이함'의 현상들이다.

검은 양복, 이력서, 넥타이가 상징하는 취업과 일상의 굴레가 나를 옥죄이는데, 라디오에서는 누군가 목을 맸다는 소리가 들린다. 가룟 유다가 목을 맨 것처럼, 목을 옥죄이는 일상의 흔적이 자욱한 밤, 취업보다는 노을 속으로 걸어가기를 선택하고, 그리고 밥을 굶을 수도 있고 한동안 아침을 산책할 수 있다고만 말하는 '나'의 태도는, '이런 날 골목이 더 깊게 휘고 오히려 집을 찾을 수도 있을 것'이라고 하는 말을 통해 그 '기이함'의 실체를 드러낸다.

이 시는 기이한 부조리와 그 부조리 속에서 역으로 구원을 발견하는 이중적인 뒤틀림이 기본 구조를 이루고 있다. 처음부터 골목이 부주의로 휘지 않았다면 일상의 견고한 틀은 결코 그 틈새를 보여 주지 않았을 것이다. 어떤 이유에서인지

는 모르지만, 검은 양복과 이력서와 넥타이의 세계는 기이하게 뒤틀렸고 골목은 깊이 휘어서 일상은 그 틈을 드러내고 만다. 오히려 일상이 뒤틀리고 골목이 휨으로써, 구원 혹은 집을 찾을 가능성은 더욱 높아지는 것이다. 부주의로 틈이 벌어진 세계가 화자에게는 오히려 구원의 가능성을 보여 준다는 의미에서, 이 시의 화자는 '기아(畸兒)'인 것이다.

"그렇게 도시의 율법은 나를 규율할 수 없다, 당분간 나의 미래는 문명으로부터 두절될 것이다"(「푸코의 농담」)라고 말하는 화자가 '문명과 규율'을 동일한 것으로 인식하듯이, 이번 시집에서 도시의 율법은 도처에서 완강한 질서를 구축하고 있는 것으로 묘사된다. 그리고 그러한 문명의 율법이 시인의 '청춘과 기억'을, 일상의 문법으로 길들여 온 것이다.

시인이 이번 시집에서 반복적으로 드러내는 '익명의 일상'은, 문명의 율법을 느끼는 자에 한해서는, 오히려 불투명이고, 무중력이며, 지속적인 상실, 이별로 나타난다. 견고하고, 미래의 희망을 양산하며, 결과적인 것들의 완강한 봉합으로 이루어진 일상의 세계가 사람들에게는 오히려 자신의 고유성을 훼손하고 세계의 근원과도 단절시키는 거대한 은폐로 구축된 거짓 운명임을 시인은 역설적인 '기이함'의 폭로를 통해 보여 주고 있는 것이다. 시인의 냉소적인 화법이 기이함을 드러내는 역설적인 '현학풍'으로 보이는 것도 이런 이유 때문이리라.

"누군가 완결된 문장을 지어 진열대 위에 놓으면/ 자괴이거나 자조의 힘으로 다른 문장을 임신해야 했다"(「변종 인간,

들)는 말이 시인의 역설적 딜레마, 문명의 힘에 의해 일그러진 게임의 규칙에 대한 고발을 담고 있다면, 그런 '길 위의 승부'를 피하고 싶어도 피할 수 없다는 자의식은 시인의 앞으로의 시적 향방과 관련해서도 문제적이다. "잠정적으로 게임은 끝나지 않을 것이다/ (중략) / 길섶으로 피하면 이단(異端)인 까닭이다"(같은 시)라는 딜레마적인 언술은 아마 '변종 인간들'의 숙명에 관한 것이리라. 그리고 그런 피할 수 없는 선택 앞에서 시인이 "내게서 빠져나간 모든 의미는 이미 돌림노래였다"(같은 시)는 자의식을 드러내는 구절은, 시적 새로움에 대한 역설적 갈망을 담고 있으면서도 또 한편으로는 무척 부조리한 실존적 냄새를 풍기는 문장이다. 과연, 실존적 기투인가, 부조리의 속박인가. 이 건조한 문명의 일상 속에서 시인의 숙명은.